南京社科学术文库

垄断对中国产业升级的影响效应研究

黄 南◎著

中国社会科学出版社

图书在版编目（CIP）数据

垄断对中国产业升级的影响效应研究／黄南著 . —北京：
中国社会科学出版社，2020.10
（南京社科学术文库）
ISBN 978 – 7 – 5203 – 6989 – 3

Ⅰ.①垄… Ⅱ.①黄… Ⅲ.①垄断经营—影响—产业
结构升级—研究—中国 Ⅳ.①F269.24

中国版本图书馆 CIP 数据核字（2020）第 151124 号

出 版 人	赵剑英
责任编辑	孙　萍
责任校对	沈丁晨
责任印制	王　超

出　　　版	中国社会科学出版社
社　　　址	北京鼓楼西大街甲 158 号
邮　　　编	100720
网　　　址	http://www.csspw.cn
发 行 部	010 – 84083685
门 市 部	010 – 84029450
经　　　销	新华书店及其他书店

印　　　刷	北京君升印刷有限公司
装　　　订	廊坊市广阳区广增装订厂
版　　　次	2020 年 10 月第 1 版
印　　　次	2020 年 10 月第 1 次印刷

开　　　本	710×1000　1/16
印　　　张	10.75
字　　　数	171 千字
定　　　价	59.00 元

总　序

2018 年是改革开放 40 周年，也是我们全面贯彻党的十九大精神的开局之年和决胜全面建成小康社会、实施"十三五"规划承上启下的关键一年。这一年，南京市进入了创新名城建设的起步阶段，南京市社会科学事业也迎来了学术繁荣、形象腾跃的大好时节。值此风生水起之际，南京市社科联、社科院及时推出"南京社科学术文库"，力图团结全市社科系统的专家学者，推出一批有地域风格和实践价值的理论精品学术力作，打造在全国有特色影响的城市社会科学研究品牌。

为了加强社会科学学科高地建设、提升理论引导和文化传承创新的能力，我们组织编纂了"南京社科学术文库"。习近平新时代中国特色社会主义思想，是对中国特色社会主义理论体系的丰富和发展，是马克思主义中国化的最新理论成果，是我国哲学社会科学的根本遵循，直接促进了哲学社会科学学科体系、学术观点、科研方法的创新，为建设中国特色、中国风格、中国气派的哲学社会科学指明了方向和路径。本套丛书的重要使命即在于围绕实践中国梦，通过有地域经验特色的理论体系构建和地方实践创新的理论提升，推出一批具有价值引导力、文化凝聚力、精神推动力的社科成果，努力攀登新的学术高峰。

为了激发学术活力打造城市理论创新成果的集成品牌、推广社科强市的品牌形象，我们组织编纂了本套文库。作为已正式纳入《加快推进南京社科强市实施意见》资助出版高质量的社科著作计划的本套丛书，旨在围绕高水平全面建成小康社会、高质量推进"强富美高"新南京建设的目标，坚持马克思主义指导地位，坚持百花齐放、百家争鸣的方针，创建具有南京地域特色的社会科学创新体系。在建设与南京城市地位和定位相匹配的国内一流的社科强市进程中，推出一批具有社会影响力和文化贡献力的理论精品，建成在全国有一定影响的哲学社会科学学术品牌，由此实现由社科资源大市向社科发展强市的转变。

为了加强社科理论人才队伍建设、培养出一批有全国知名度的地方社科名家，我们组织编纂了本套文库。本套丛书的定位和选题是以南京市社科联、社科院的中青年专家学者为主体，团结全市社科战线的专家学者，遴选有创新意义的选题和底蕴丰厚的成果，力争多出版经得起实践检验、岁月沉淀的学术力作。借助城市协同创新的大平台、多学科交融出新的大舞台，出思想、出成果、出人才，让城市新一代学人的成果集成化、品牌化地脱颖而出，从而实现社科学术成果库和城市学术人才库建设的同构双赢。

盛世筑梦，社科人理应承担价值引领的使命。在南京社科界和中国社会科学出版社的共同努力下，我们期待"南京社科学术文库"成为体现理论创新魅力、彰显人文古都潜力、展现社科强市实力的标志性成果。

叶南客

（作者系江苏省社科联副主席、创新型城市研究院首席专家）

2018 年 10 月

目　录

第一章

导　论

第一节　选题背景与研究意义

一　本书的选题背景

产业是一个国家或地区经济社会的物质生产部门，产业的发展情况直接影响着该国或地区经济增长的速度和质量。党的十九大报告指出，要贯彻新发展理念，建设现代化经济体系，推动经济发展质量变革、效率变革、动力变革，提高全要素生产率。加快推进我国的产业升级是建设现代化经济体系的关键。产业升级是技术创新的结果，是经济运行质量提升的表现，是提高我国产业在全球产业价值链中的地位，促进我国由"经济大国"向"经济强国"迈进的重要内容。推动产业升级可以促进经济的快速发展，提高经济增长的质量和效益[①]。在中国，一些学者的研究也证实，产业升级对中国经济增长同样具有明显的影响和促进作用[②]。同时，产业升级还是推动国家或地区顺利实现经济转型的重要因素，这一点也可以从很多国家和地区转型发展的经验中得以证实。美国的芝加哥和底特律等城市，为了解决自身的发展困境，促进地区经济的转型发展，从促进产业结构的调整、提高产业附加价值等产业升级的举措入手，有力地促进了经济功能的转型，顺利实现了地区经济的转型发展。同样，在俄罗斯、印度、巴西等发展中国家，为了促进经济的转型发展，也都将加快产业升级作为重要的举措，力图通过促进主导产业

[①]　西蒙·库兹涅茨（S. Kuznets）：《现代经济增长：速度、结构与扩展》，北京经济学院出版社1989年版。

[②]　刘伟、李绍荣：《产业结构与经济增长》，《中国工业经济》2002年第5期。

的更迭以及产业技术能力的提升等，提高产品的附加价值，进而推动经济发展方式的转变和经济综合竞争力的提高，促进其在全球产业价值链上地位的攀升。

中华人民共和国成立以来，尤其是改革开放以来，也一直将推进产业升级作为促进经济规模扩大、提高发展质量的重要内容。从产业结构上看，我国的产业结构尤其是改革开放以后不断得到优化。从新中国成立初期的以农业为主的产业结构逐渐过渡到目前以第二产业和第三产业为主导的产业结构上。但是，在这一过程中，也经历了初期由于存在对产业升级内涵认识较为片面、忽视不同产业之间的内在协调性等问题，采取了倾斜式的产业发展战略，人为地扭曲要素禀赋结构，促进资源向以重化工业为主的第二产业集中，从而导致产业结构失衡、资源严重错配、整个经济效益难以得到真正提升的阶段。改革开放以后，中国的产业升级步伐逐渐加快，三次产业之间及其内在结构逐渐协调，产业的创新能力有所增强，全要素生产率得到明显提高，从而有力地推动了中国经济规模的扩大。2016 年中国国内生产总值已经达到 74.4 万亿元人民币，按照当年汇率折算，中国的名义 GDP 达到 11.2 万亿美元。据世界银行的测算，2016 年中国经济对世界经济增长的贡献率达到 33.2%。2017 年据国家统计局数据，前三季度中国实现了 6.9% 的经济增速，预计 2017 年中国经济增速将达到 6.8%，仍将是世界经济增长最强大的推动力量。但是，我们还应该看到，中国在产业发展中还面临着一些制约性的难题，中国产业长期处于全球产业价值链的低端环节，产品附加价值不高，产业技术创新能力不强，全要素生产率与发达国家相比还较低，而且近些年有增速放缓的趋势，技术密集型产品，尤其是一些核心技术和设备仍主要依赖进口等。此外，产业的生产方式仍较为粗放，资源消耗大、环境污染严重的问题依然严重，目前中国的能源、原材料和活劳动等物质消耗已位居世界第二，每万元 GDP 所消耗的原材料是发达国家的 4—6 倍。在世界产业竞争日益加剧、资源环境约束越来越大的情况下，提高中国产业的创新能力和产品的附加价值，由过去的高速发展向高质量发展进行转变，实现中国产业的整体升级，进而促进中国在全球产业价值链地位的攀升，已经成为至关重要的问题。面对中国产业升级的迫切要求，需要我们对产业升级的方向及其目标有更为精准的认识，这样才能在加快中国产业升级上取得真正的进步。因此，在中国实现高质量发展、构建现代化经济体系的进程中，加强对中国产业升级的研究，明确现阶段中国产业升级的内涵、目标、主要影响因素，进而提出具有针对性和可操作性的对策和建议，是学术界应重点解决的问题。

影响产业升级的因素是多方面的，除了技术的进步、资金的投入、政府的引导等大家公认的因素外，垄断程度的大小也是影响产业发展的主要因素之一。国内外的研究成果表明，尽管在垄断对产业发展的作用是积极的还是消极的方面存在不同看法，但是人们普遍认为，垄断会对资源的配置效率和经济效益、技术创新的投入和动力以及产品的质量、品种等产生较大的影响[1]。垄断型企业可以通过其所具有的垄断地位，以及在规模经济等方面所具有的优势等，影响产业的技术进步、资源配置、经济效益等情况，进而影响产业升级的进程。尤其是近些年的研究成果，更是进一步证明了垄断在产业发展过程中具有十分明显的作用，有学者甚至指出，在网络经济时代，垄断不仅增加了资源的配置效率，有利于技术的创新，而且会大大增加消费者剩余[2]。但是，现有的研究也表明，不同性质的垄断对产业发展的影响是不同的。有学者认为，经济性垄断是市场经济条件下市场竞争、技术进步和规模经济发展的必然结果，在其发展过程中产生的规模经济、范围经济等会降低企业的成本，提高资源的配置效率和经济效益，有利于产业的发展。而行政性垄断本质上是一种体制现象，它是依赖政府部门的行政权力建立起来，并通过行政手段来实现的一种垄断形式，各种形式的行政性垄断均具有明显的超经济强制性，它破坏了市场竞争秩序，违背了市场的自由和平等竞争原则，造成政府与企业的角色错位，进而导致了经济的低效率[3]。

---

[1] 参见［美］熊彼特《经济发展理论》，何畏等译，商务印书馆1990年版；F. M. 谢勒《产业结构、战略与公共政策》，张东辉等译，经济科学出版社2010年版。

[2] 邓俊荣、王林雪：《网络经济、寡头垄断效率与中国产业组织调整》，《生产力研究》2006年第3期。

[3] 参见危怀安《经济性垄断的效应分析》，华中科技大学博士学位论文，2007年；杜传忠《对垄断及其效率的再认识——兼论我国〈反垄断法〉实施的目标取向》，《中州学刊》2008年第6期；于良春、张伟《中国行业性行政垄断的强度与效率损失研究》，《经济研究》2010年第3期。

　　中国的市场结构经过改革开放 40 年的演进，在某些行业已经形成较为明显的垄断现象，已经成为中国学者关注的对象，尤其是其中存在的大量行政性垄断现象，更是成为学者们研究的热点，很多学者对中国的市场结构、产业的集中度状况、中国市场中的自然垄断、经济性垄断、行政性垄断以及个别产业（如银行业、电力、石化等）的垄断情况进行了多方面、多维度的研究①，得出了较为丰富的理论成果。但是现有的研究成果并不是基于对产业升级的研究而展开的，由于对产业升级的内涵及其目标并不明确，因而难以准确反映垄断对产业升级的影响程度。中国正处于产业升级的关键阶段，研究现阶段中国产业的垄断状况对产业升级的影响，充分发挥垄断在产业升级中的积极效应，同时通过产业管制等方式，避免或减少存在的负面影响，这不仅对于加快中国的产业升级步伐是极为重要的，而且对于进一步优化市场结构，激发市场活力，增强企业的创新动力，同样具有重要的促进作用。为此，需要对垄断与产业升级之间的关系进行定性和定量的深入研究，通过定性研究明确其对产业升级的影响机理，通过定量分析明确其对产业升级具体的影响效应。正是基于以上认识，本书试图从对中国产业升级内涵的界定入手，对中国的产业升级情况进行全面系统的回顾、描述和分析，并基于对产业升级内涵的界定对于垄断如何影响产业升级的作用机理进行深入的探讨，同时进行实证检验，最后提出如何减少垄断对产业升级负面影响，促进中国产业升级的对策和建议，以期为加快中国的产业升级步伐做出理论上的贡献。

二　本书的研究意义

1. 理论意义

　　一是从世界产业发展的趋势及其规律入手，对产业升级的内涵及其目标进行较为深入的研究，并对改革开放以来中国的产业升级情况进行了全

---

　　① 参见戚聿东《我国市场经济条件下的垄断模型及其发展途径》，《学习与探索》1993 年第 5 期；戚聿东《中国垄断行业引入竞争机制的国际背景、进程和模式选择》，《首都经济贸易大学学报》2009 年第 11 期；魏后凯《市场竞争、经济绩效与产业集中——对改革开放以来中国制造业集中的实证研究》，中国社会科学院研究生院博士学位论文，2001 年；何为民《并购、集中于市场经济发展》，博士学位论文，厦门大学，2002 年；等等。

面、系统的分析。产业升级虽然在国家和地区的经济发展中具有重要的战略意义，也始终是我国政府高度关注的重要任务，但是对产业升级的认识仍有进一步加深的必要。在以往的研究中，大多将产业升级片面地理解为产业结构的调整，将追求产业的"三、二、一"结构高度作为产业升级的目标，忽视了产业升级的根本性目的，也容易导致三次产业之间及其内在结构之间的失衡，反而不利于经济的快速发展，这样的认识已经难以满足现阶段中国经济发展的需要，因此，有必要明确产业升级的根本目的和发展目标。笔者正是基于这样的认识，从世界产业发展的规律及其趋势，以及产业升级的根本目的入手，从产业的产品升级、技术升级以及产业结构的升级三个层面，理解和认识产业升级的内涵及其目标，这对于深化产业升级的研究，推进中国产业升级的进程，具有一定的理论意义。

二是就垄断对产业升级的影响机理进行了较为深入的研究，从产业的产品升级、技术升级和产业结构升级的三个层面提出了垄断的影响假设，并通过定量研究的方法，对垄断对这三个层面的影响作用进行了计量分析。长期以来，国内外的学者对于垄断在资源配置效率、技术创新、经济效率的提升等经济发展多层面中的作用进行了深入的研究，但是在垄断的影响作用上的结论一致存在较大争议，并在某些领域形成了针锋相对的观点。虽然我国市场经济体系的建设时间较短，通过充分的市场竞争形成的经济性垄断还相对较少，而且与发达国家相比产业的垄断程度较低，但是由于我国市场经济体系的不完善，政府对市场的干预相对较多，因此，行政性垄断在不少产业较为严重。这些行政性垄断的存在在一定程度上阻碍了市场机制的发挥，不利于资源配置效率的提高。而且由于行政性保护的存在，这些企业在推动技术创新、产品升级、提高生产效率等方面并不具有足够的动力。因此，行政性垄断的存在可能会成为中国产业升级的阻碍。基于这样的认识，本书从垄断，尤其是以国有企业为代表的行政性垄断的研究入手，分析了它们对产业升级的影响机理，提出了相应的假设，运用计量分析的方法对这些假设进行检验，并提出了相应的对策和建议。这对于研究垄断对于中国产业发展的影响具有一定的理论价值。

2. 实践意义

改革开放以来，中国经济发展取得了巨大的成就，经济总量已经跃升至世界第二位，贸易总量位居全球第一位，而且在很多领域的生产能力都位居世界前列。但是，中国在全球产业价值链中一直处于中低端的地位，中国产品附加价值低、产业创新能力弱、技术水平相对落后的弊端已经成为影响中国经济持续稳定发展的主要障碍。尤其是2008年世界金融危机以后，中国经济逐渐由高速增长阶段转入中高速增长阶段，在全球经济发展疲软的情况下，中国传统的经济发展模式表现出了严重的不适应性，以依靠投资、出口为主拉动经济增长的方式已经难以为继，促进经济由要素依赖型向创新驱动型转变，由高速发展向高质量发展转变，成为中国经济发展的重要目标。在这一过程中，加快产业升级的步伐，提高产业的附加价值和技术创新能力，实现经济合理化和高度化的跃升，进而促进产业整体经济效益的提高，是推动中国经济转型，实现高质量发展的关键。本书从产业的产品升级、技术升级以及产业结构的升级三个层面，对改革开放以来中国产业升级的演进情况进行了全面的分析和研究，指出了中国产业升级中存在的问题，这对于明确中国产业升级的现实状况，寻找中国产业升级中的主要问题具有较强的实践意义。同时，还采用《中国统计年鉴》《中国工业统计年鉴》、"中国工业企业数据库"等数据资料，对中国产业的垄断情况进行了评价和分析，对于了解中国产业的市场结构也具有较强的参考作用。在对中国产业升级和垄断情况进行综合研究的基础上，对垄断与中国产业升级之间的关系进行了定性和定量的分析，对行政性垄断的影响也进行了研究，从而明确了垄断在影响中国产业升级中的具体影响，这对于制定和出台具有针对性的产业政策，优化中国的市场结构具有较强的参考意义和实践意义。

第二节　研究思路、内容及方法

一　研究思路和研究内容

本书的研究总体上是沿着提出问题—分析问题—解决问题的这一主线而展开的。本书认为，产业升级是促进一个国家和地区实现经济持续发展、提升其在国际产业价值链中的地位和综合竞争力的重要举措。在中国经济进入新常态后，推动中国经济转型发展成为新常态时期的必然选择。在党的十九大报告中，习近平总书记进一步明确指出，中国特色社会主义进入了新时代，中国经济由高速增长阶段进入了高质量发展的时期，这为中国经济的转型发展指明的方向。要实现经济的高质量发展，其中的关键就是要推动产业的升级，构建起现代化的产业体系。但是已有的关于产业升级的认识，大多是从产业结构调整的角度来研究产业升级，容易导致片面追求产业高度的问题，反而会造成产业结构的内在失衡，阻碍经济的发展，因此已经难以满足当前促进经济高质量发展、建设现代化产业体系目标的需要。为此，需要从产业升级的根本目标出发，深刻领会产业升级的内涵所在，并对中国的产业升级情况进行全面的分析和评价。

同时，由于影响产业升级的因素是多方面的，垄断作为一种特殊的市场结构，在资源配置、技术创新、效率提升，乃至经济的发展中都具有极为重要的影响，因此也一直是经济学领域的研究重点。在产业升级的过程中，垄断同样具有较为明显的影响作用。在中国，随着经济规模的不断扩大，在一些产业中，垄断程度也在逐渐增强，同时，由于市场经济体制的相对不完善，政府对经济的干预还相对较多，国有经济在行政力量的保护下，在进入门槛、发展资源、价格制定等很多方面都拥有不少其他所有制经济所难以拥有的优势，从而形成了较为严重的行政性垄断。那么，这些垄断，尤其是行政性垄断的存在，对于中国的产业升级到底会具有什么样的影响效应，是阻碍还是促进产业升级的步伐，在产业升级的不同层面其影响又是什么样的？以上这些问题都有待于进一步的研究和分析，迫切需要通过建立系统、科学的研究框架，运用定性与定量相结合的研究方法，对其影响进行全面的研究分析。正是基于这样的考虑，本书在分析问题的过程中，将厘清产业升级的内涵与目标作为首要的研究内容，从产业升级的根本目标入手，同时结合当前对产业升级内涵的已有研究成果，从三个层面提出了产业升级的内涵，并对改革开放以来中国产业升级的总体情况进行了全面、系统的评价，然后提出了垄断及行政性垄断对产业升级不同层面的影响作用假设，并运用定量的研究方法，对其影响作用的大小进行了具体的研究，并提出了新时期规避行政性垄断，促进中国产业升级的对策和建议。

根据以上研究思路，本书共分为六章进行研究，具体内容如下：

第一章是导论部分。主要包括本选题的背景和意义、研究的内容和方法、研究的重点和难点、可能的创新与不足等。

第二章是国内外研究文献综述。本章首先对产业升级的国内外研究情况进行了系统的回顾和梳理，从产业结构调整、产业价值链两大层面分析了国内外产业升级的理论的演进、变化以及研究的热点及其相关结论等。其次，本书对西方垄断理论的形成过程、不同阶段的代表性研究人物以及他们的主要的观点等，进行了系统的脉络梳理，同时鉴于中国行政性垄断现象较为严重的现象，对国内行政村垄断的内涵、特征、类型、成因及其危害，以及如何规制行政性垄断等方面的研究成果进行了系统的回顾。随后，从垄断与技术创新、垄断与经济效率，以及垄断与产品质量和品种三个层面归纳和总结了当前垄断对产业升级影响的相关研究成果。最后，本章指出了目前关于产业升级，以及垄断对产业升级影响的研究成果中存在的几点不足。

第三章是世界产业升级的趋势及中国产业升级的演进分析。本章首先对当今世界产业发展的主要特征进行了概括和总结，指出目前世界产业发展出现了产业融合化、服务化、科技化、绿色化四大特征，然后从产业发展范式、空间形态和产业功能三个方面，对第三次工业革命下产业发展的新趋势进行了较为深入的分析。随后，本章对产业升级的内涵进行了界定，将产业升级的内涵明确为三个层面的内容，即产业的产品升级、技术升级和产业结构的升级。在此基础上，对中国改革开放以来产业升级三个方面的演进和发展状况进行了全面、系统的评价与分析。

第四章是垄断对产业升级的影响及作用机理分析。本章首先对垄断的主要类型进行了概括和总结，主要从垄断的组织形式、产生的原因以及市场结构三个方面对垄断的种类进行了简单的介绍。随后，本书对垄断的衡量方法进行了研究，对定量分析和定性分析的研究方法进行了概括和介绍。在此基础上，本书采用产业集中度的分析方法，对中国产业，尤其是工业的产业集中度情况进行了研究，通过对 1985—2015 年中国工业的 HHI 指数的演变情况、制造业中各产业 1998—2013 年 CR_4、CR_8 的变化情况，以及与美国制造业产业集中度的比较等几个方面的研究，对中国产业的垄断程度、变化趋势，以及各具体产业的垄断情况等做出了较为全面、准确的评价。

第五章是垄断对中国产业升级的影响及其实证分析。在这一章中，根据前面对产业升级内涵的界定，分别从产品升级、技术升级以及产业结构升级这三个层面，分析了垄断对产业升级的影响，并提出了相应的假设。随后，本章采用工业 HHI 系数和国有经济在工业产值中的比重作为解释变量，分别代表产业垄断和行政性垄断情况，采用工业资本利润率、工业劳动生产率以及 TS 指数和 TL 指数作为被解释变量，代表产业的产品升级、技术升级和产业结构调整情况，运用计量分析的方式，对垄断的影响情况进行了实证研究，并得出了一个重要的结论。随后，对行政性垄断对中国产业升级的阻碍影响进行了较为深入的分析，研究了中国产业结构性失衡的主要表现形式，指出行政性垄断是造成中国产业结构性失衡的主要原因。

第六章是减少行政性垄断促进中国产业升级的对策研究。本章对全书的研究结果进行了系统的归纳和总结，得出了五个主要结论。同时本章在全文研究结果的基础上，根据中国产业升级的现实要求，以及垄断对中国产业升级的具体影响，提出了进一步减少政府对市场的干预、加快推进国有企业改革的进程、完善和制定针对行政性垄断的法律法规等六个方面的政策建议。在本章的最后部分，对本书研究中存在的不足进行了概括，并提出了未来进一步改进的方向。

二 研究方法

本书综合运用了宏观经济学、产业经济学、计量经济学等的理论与方法，把产业经济学的相关理论与宏观经济学中的经济增长等理论结合起来，将定量研究与定性研究相结合，研究分析了产业结构调整对经济转型的影响和作用。

1. 规范分析与实证分析相结合的方法。本书从规范的理论分析入手，对产业升级以及垄断理论的主要观点、垄断对产业发展的影响及其作用机理等方面进行系统的梳理和深入的探究，为研究的开展奠定了坚实的理论根基。同时从经验层面对相关理论和假说进行实证分析，使经济理论分析和经验实证分析具有内在的逻辑一致性和相容性，力求做到系统性的理论分析与经验数据的实证研究相结合。

2. 历史、逻辑与现实相统一的方法。产业升级以及垄断的基本思想和理论观点是随着经济现象的变化而不断演进的过程，而且在不同的历史阶段，垄断的影响也会发生改变，因此，应采用历史分析的方法，对中国产业升级以及产业垄断的发展、变化及其影响进行研究和分析。在历史分析的过程中，通过严密的逻辑分析，厘清相关理论之间的内在关联及其主要思想。同时，将历史和逻辑分析中得出的结论与现实情况相结合，一方面对历史和逻辑分析的结论进行验证，另一方面用得出的结论分析和处理中国产业升级中垄断所导致的问题和现象，使本书的研究更加贴近中国的现实状况。

3. 总体研究与具体研究相结合。本书在分析中国产业升级的情况时，不仅从产业的宏观角度把握了产业升级的演进趋势，而且对具体产业的升级情况也进行了细致的分析。同时，本书在分析中国产业垄断情况时，也分别从产业垄断的总体情况，以及具体产业的垄断变化情况两个角度进行了研究，既把握了中国产业垄断的总体情况以及变化趋势，而且剖析了制造业中各具体产业的垄断情况及其变化状况。通过点与面相结合，个体与全部相统一，尽可能整体、全面、系统地揭示中国产业升级以及垄断的总体状况和具体产业的变化情况。

4. 统计分析与计量分析相结合。统计分析与计量分析是经济学经常用到的分析手段，统计分析可以较为清晰地展示事物的发展现状以及演进情况，计量分析则能够较为直观地展现经济现象的内在关系和发生机理。本书在对中国产业升级以及垄断情况进行分析时，采用了统计分析的方法，对中国的产业升级情况以及垄断情况做出了较为全面、深入的描述。同时，本书利用计量回归的方法，分析了垄断以及行政性垄断中国产业升级三个层面的影响情况，使垄断对中国产业升级的影响作用更加清晰明了。

第三节　研究的重点、难点与主要创新点

一　本书研究的重点

1. 对中国产业升级情况的分析。这是本书研究的一个重点内容。这其中包括两个方面的内容：一是对产业升级的内涵的界定。产业升级虽然是学界研究的重点，但是对于其内涵的认识存在着不断深入的过程。传统的产业升级内涵将其等同于产业结构调整，这一认识无法涵盖产业升级的全面内容，而且容易造成片面追求产业结构高度、忽视产业结构的内在协调以及产业价值链攀升的目的。因而，有必要在前人研究的基础上，对产业升级的内涵进行全新的界定。二是对中国产业升级情况的把握。在对产业升级内涵进行清晰界定的基础上，需要对中国产业升级的总体情况有一个清楚的认识，明确衡量产业升级的具体指标，这是本书开展实证分析的基础。

2. 垄断对中国产业升级影响的作用分析。要深刻认识垄断对中国产业升级的影响作用，必须从理论分析入手，深入研究垄断对产业升级的影响机理。本书将在对产业升级内涵进行清晰界定的基础上，运用产业经济学、新古典经济学等相关理论，从不同的层面分析和研究垄断在产业升级中的影响作用，并提出相应的理论假设。在理论假设的基础上，本书将采用计量分析的方法，对垄断的影响作用进行实证分析，以期更加清晰、准确地认识垄断在中国产业升级进程中的影响作用。同时，鉴于中国行政性垄断还较为严重的状况，在实证研究中将对行政性垄断的影响作用进行专门的研究，从而准确地把握垄断对中国产业升级的具体影响效应及其程度。

3. 减少行政性垄断促进中国产业升级的对策研究。中国作为正处于市场经济不断完善的转型期的发展中国家，在很多领域还存在着政府公权力对经济的干预，从而造成了较为严重的行政性垄断现象。行政性垄断具有政府权力的保护，它们的存在破坏了市场竞争，阻碍了技术进步，制约了产业的升级。因而，在中国，减少行政性垄断是促进产业升级的重要内容。因此，在本书的研究中，这将是其中的一个重要内容，

将从对行政性垄断影响的具体分析入手，深入剖析其对中国产业发展的影响，并提出具体的对策和建议。

二　本书研究的难点

1. 对中国产业升级情况的分析。如何衡量中国的产业升级状况，是本书研究中的一大难点，这不仅涉及产业升级内涵的明确界定，而且需要寻找出恰当的衡量指标，对中国的产业升级进行客观、准确的分析。从目前的研究现状看，一方面在产业升级内涵上还存在争议，尚无统一的认识；另一方面，在衡量上也存在一定的难度，现有的指标可能难以准确衡量产业升级的具体情况，这些为本书的研究带来了较大的难度。

2. 中国产业垄断数据的收集。要研究垄断对中国产业升级影响的情况，必须对中国产业垄断的情况进行全面、准确的研究。但是，垄断的研究涉及具体的企业发展情况，在数据的收集上存在较大难度，目前的《中国统计年鉴》等官方年鉴中缺乏企业发展情况的相关数据。收集到反映中国产业垄断情况的充足数据，成为本书研究中的一大难点。

3. 垄断对中国产业升级影响的实证研究。这一内容不仅是本书研究的重点，更是本书研究的难点。在实证分析的过程中，不仅要明确垄断对产业升级影响的作用机理，而且要对其进行具体的实证检验。从目前的研究现状看，在垄断对产业升级的影响机理上，现有的研究文献还相对缺乏，而且实证研究中还存在数据收集和指标衡量上的难点，为本书进行实证研究带来了一定的困难。

三　本书研究的创新点

在广泛参阅国内外研究文献的基础上，本书力争有所拓展，以丰富和充实现有的研究成果。概括来讲，本书的创新点主要体现在以下几方面：

第一，对产业升级的内涵进行了新的诠释。本书以已有的研究成果为基础，以国际、国内产业发展的现实情况为背景，以产业升级的根本目的为宗旨，对产业升级的内涵进行了界定，将其概括为三个层面的升级，即产业的产品升级、技术升级和产业结构升级，并从这三个层面对中国的产业升级情况进行了全面的评价和分析。这拓展了产业升级的相关研究，以及对中国产业升级的认识，具有一定的创新性。

第二，从三个层面分析了垄断对产业升级的影响机理。本书在对产业升级内涵界定的基础上，从产业的产品升级、技术升级和产业结构升级三个层面，分别研究了垄断对产业升级的影响作用，并对行政性垄断对产业升级的三个层面内涵的影响也进行了分析，具有一定的创新性。

第三，从三个层面进行了垄断对中国产业升级影响的实证分析。本书在进行实证研究的过程中，从产业升级三个层面入手，分别研究了垄断和行政性垄断对中国升级的影响情况，并对垄断和行政性垄断在其中的作用分别进行了分析。这对于准确认识垄断对中国产业升级的影响具有较强的现实意义，也是本书的一个创新之处。

第二章

文献研究综述

第一节 产业升级的国内外研究情况

关于产业升级的研究主要基于两个方面而展开，一是基于产业结构调整的角度。这是关于产业升级的传统认识，在早期的产业理论研究中，大多将产业结构调整等同于产业升级，现在这一研究仍然具有一定的代表性。二是随着经济全球化进程的不断深入，国外一些学者从全球产业价值链的角度开始研究产业升级的问题，并从企业在全球产业价值链中的地位的变化入手，对产业升级进行了阶段性的划分。在此，也主要从这两方面入手，对产业升级的国内外研究情况进行总结。

一 基于产业结构调整角度的产业升级理论演进

1931 年英籍新西兰澳塔哥大学教授费希尔（Ronald Aylmer Fisher）在《安全与进步》一书中，从经济发展史的角度对产业结构进行剖析，提出"三次产业"划分的思想，把人类经济发展史与产业产生、发展的历史统一起来，进而第一次把经济发展解释为三次产业产生、发展及相互地位发生演变的历史。他认为，人类生产活动的发展史可以分为三大阶段，之所以有三大阶段的划分，就是产业结构演变历史阶段性的存在。第一阶段，人类生产活动以农业和畜牧业为主；第二阶段，人类生产活动，以工业大规模发展为标志；第三阶段，人类生产活动，以资本和劳动大量流入非物质生产的劳务领域为显著特征。费希尔的研究使人们认识到了产业结构在经济发展中的作用和意义。

随后，英籍澳大利亚学家科林·克拉克（Colin Clark）在收集和整理了若干国家劳动力在三次产业间的移动资料后得出结论：随着经济的发展，即随着人均国民收入的提高，劳动力由第一产业向第二产业移动，当人均国民收入水平进一步提高时，劳动力便向第三产业移动；劳动力在产业间的分布状况为第一产业将减少，第二产业、第三产业将增加。克拉克还认为，劳动力之所以会从第一产业向第二产业、第三产业移动，是因为随着经济的发展，各产业之间出现了收入的相对差异，正是这种差异使人们趋向于高收入的产业，从时间系列上看，就表现为劳动力在三次产业间的移动。这一结论验证了17世纪英国经济学家威廉·配第的观点，因此被称为"配第—克拉克定理"。

20世纪五六十年代，美国著名经济学家西蒙·库兹涅茨（Simon Smith Kuznets）在克拉克研究成果的基础上，进一步收集和整理了几十个国家的统计资料，对劳动力和国民收入在三次产业间的变动情况进行了研究，研究结果不仅证实了克拉克的结论，还进一步提出了新的观点：（1）A部门（第一产业部门）在总值中的份额，会随着经济的发展不断下降，同第一次产业的劳动力比重变化趋势相一致；（2）I部门（第二产业部门）在总产值中的份额总体来看是上升的，但该部门的劳动力相对比重总体看是大体不变或略有上升，这说明虽然第二产业对国民收入的增长有很大的贡献，但当其发展到一定阶段后，对劳动力的吸纳功能将减弱；（3）S部门（第三产业部门）的劳动力相对比重差不多在所有国家里都是上升的，但在总产值中的份额未必和劳动力的相对比重同步上升。这说明第三产业尽管劳动生产率的提高不是十分的显著，但它具有很强的吸纳劳动力的能力。里昂惕夫（Wassily W. Leontief）对产业结构进行了更加深入的研究。他于1953年和1966年分别出版了《美国经济结构研究》和《投入产出经济学》两本书，建立了投入产出分析体系，他利用这一分析经济体系的结构与各部门在生产中的关系，分析国内各地区间的经济关系以及各种经济政策所产生的影响，在《现代经济增长》和《各国经济增长》中，他深入研究了经济增长与产业结构的关系问题。德国经济学家霍夫曼则从消费资料工业和资本资料工业的角度出发，研究了两者之间的比例（即霍夫曼比例）随着经济发展呈现出的规律性变化，在工业化的过程中，霍夫曼比例是不断下降的，并制定了衡量不同经济发展阶段的霍夫曼比例值。

刘易斯、赫希曼、罗斯托、钱纳里等人从发展经济学的视角出发，对产业结构理论进行了延伸。其研究存在两种思路：一是刘易斯（William Arthur Lewis）等人提出的二元结构分析思路。刘易斯在 1954 年发表的《劳动无限供给条件下的经济发展》一文，提出了用以解释发展中国家经济问题的理论模型即二元经济结构模型。拉尼斯与费景汉把二元经济结构的演变分为三个阶段，认为农业对工业的贡献不仅在于剩余劳动力的供给，而且还为工业的发展提供农业剩余。

二是赫希曼、罗斯托等人的不平衡发展思路。赫希曼（Albert Otto Hirschman）在 1958 年出版的《经济发展战略》提出了一个不平衡增长模型，他认为，发展道路是一条"不均衡的链条"，各国的增长过程存在"关联效应"，是不平衡的。实行不平衡增长战略可以使发展中国家有效地利用其有限的经济资源加速经济增长。在选择发展项目进行投资时应采取"引致投资最大化"原理，选择具有联系效应，尤其是联系效应最大化的产业。罗斯托（Walt Whitman Rostow）提出了著名的主导产业扩散效应理论和经济成长阶段理论。他认为，产业结构的变化对经济增长具有重大的影响，在经济发展中应重视发挥主导产业的扩散效应。钱纳里（H. Chenery）等人在库兹涅茨等的研究基础上，根据世界银行的多国统计资料，观察在不同的人均国民收入水平上，产业结构的变化情况，从而使分析从库兹涅茨等人的国别经济史直接概括深入各国平均的系统考察，建立起标准的工业化结构转换模型。其研究结果显示，随着人均国民收入的增加，由农业部门提供的人均国民收入虽然有一定的增长，但其在整个人均国民收入构成中的比重却出现大幅度的下降，而同期由工业制造业提供的人均国民收入增长十分迅速，在整个人均国民收入构成中的比重也有很大的提高。钱纳里等人的研究结果还显示，在各产业部门占国民经济比重发生变动的同时，不同产业部门的产品在进出口中的比重也发生了很大的变化。具体表现：出口方面，随着人均国民收入的增加，农业产品出口占总出口的比重迅速下降，而工业产品出口占总出口的比重上升很快。进口方面，农业产品占总进口的比重略有上升，而工业产品占总进口的比重则逐渐下降。产生这种变化的原因是，随着各国工业化进程的深入，影响了不同产业部门在国际上的比较优势，从而改变了一国的贸易条件，使不同产品的进出口比重产生了相应变化。

在借鉴欧美等经济学家关于产业结构理论的研究基础上，日本经济学家将产业结构的一般理论与日本的实际情况相结合，对其进行了创新式的发展。筱原三代平在（1955 年）提出了"动态比较费用论"，其核心思想强调：后起国的幼稚产业经过扶持，其产品的比较成本是可以转化的，原来处于劣势的产品有可能转化为优势产品，即形成动态比较优势。由于该理论毕竟与国际贸易理论密切相关，因而只能成为战后日本产业结构理论研究的起点。一些日本学者在此基础上提出了各种理论假设和模型，其中最著名的是赤松要等人在 1932 年出版的《我国经济发展的综合原理》中提出的产业发展"雁形形态论"。该理论主张，本国产业发展要与国际市场紧密地结合起来，使产业结构国际化；后起的国家可以通过四个阶段来加快本国工业化进程；产业发展政策是要根据"雁形形态论"的特点制定。赤松要认为，日本的产业通常经历了"进口→当地生产→开拓出口→出口增长"四个阶段并呈周期循环。某一产业随着进口的不断增加，国内生产和出口的形成，其图形就如三只大雁展翅翱翔。人们常以此表述后进国家工业化、重工业化和高加工度发展过程，并称为"雁行产业发展形态"。关满博（1993 年）提出了产业的"技术群体结构"概念，并构建了一个三角形模型，他使用该模型分别对日本与东亚各国和地区的产业技术结构做了比较研究。其核心思想是：日本应放弃从明治维新后经百余年奋斗形成的"齐全型产业结构"，必须促使东亚形成网络型国际分工，而日本只有在参与东亚国际分工和国际合作中对其产业进行调整才能保持领先地位。从日本学者的研究可以看出，他们的研究已经从一国的产业结构调整扩展到区域内的产业结构演进问题，已明确提出了一国产业结构变动与所在区域周边国家和地区的产业演进之间的内在关系，是对欧美产业结构理论的拓展和创新。

二　基于产业价值链角度的产业升级研究

1. 基于产业价值链角度的产业升级内涵研究

关于产业价值链的研究开始于 20 世纪 80 年代。1985 年，美国迈克尔·波特教授（Michael E. Porter）在《竞争优势》一书中提出了产业价值链理论，他认为，企业的任务是创造价值，企业的各项活动可以从战略重要性的角度分解为若干组成部分，包括公司的基础设施、人力资源管理、技术开发和采购四项支持性活动，以及运入后勤、生产操作、运出后勤、营销和服务五项基础性活动，九项活动的网状结构便构成了价值链，并且一种产业的价值链就是由各项活动的价值链组合而成（如图 2—1 所示）。波特的产业价值链理论提出后，得到了广泛的应用。

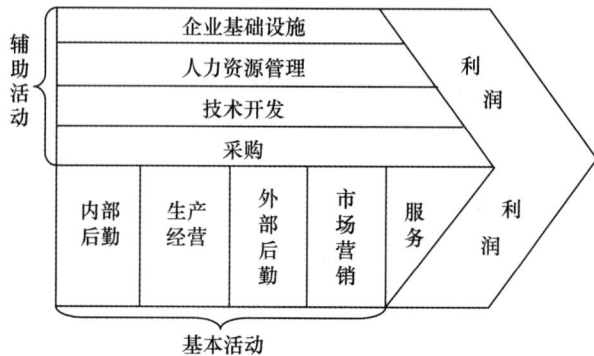

图 2—1　企业活动价值链示意图

随着全球化进程的深入，跨国公司在全球范围内进行资源的配置和使用，在这种背景下，产业价值链理论被用于全球产业分工的研究之中。1998 年迪特尔·恩斯特（Dieter Ernst）在对韩国半导体产业的研究中，首次提出了"industrial upgrading"这个概念。他认为，韩国半导体产业的技术管理仍然压倒性地由"产品偏好"观念所左右，而不是由产业升级带来的知识累积而实现的。也就是说，韩国半导体产业的发展是由于产业结构的调整而不是技术能力的提升而实现的。在迪特尔·恩斯特的研究中，产业升级这一概念与产业结构调整是对立的。

而真正从全球产业价值链（global value chains，GVC）的角度研究"产业升级"问题的，当属美国杜克大学的 G. 杰里菲（Gary Gereffi）。1994 年杰里菲和科深尼维奇（Korzeniewicz）在对美国零售业价值链研究的基础上，将价值链分析法与产业组织研究结合起来，提出了全球商品链（global commodity chains，GCC）分析法，并区分了采购者驱动型和生产者驱动型两类全球商品链。1999 年杰里菲发表了一篇关于东亚服装产业链研究的文章《服装商品链中的国际贸易和产业升级》，他认为，从全球商品链的角度看，产业升级涉及企业或国家为了提升其在国际贸易体系中的地位而进行的组织性学习。参与到全球商品链中是一个产业升级的必要阶段，因为它把企业和一个地区的经济投入一个潜在的动态学习曲线（potentially dynamic learning curves）之中。杰里菲认为，产业升级的经济学含义是指当一国资本（包括人力和物质）相对于其他国家的劳动力或资源禀赋来讲变得更加丰富，那么，这个国家应发挥其在资本密集型和技术密集型产业上的比较优势。但是这个国家并不是随机地发展一些资本密集型和技术密集型产业，而是生产那些与全球商品链中主导企业相关的产品。杰里菲以服装商品链为研究对象，将参与其中的国家或企业（主要是一些东亚国家）作为商品链中的一部分，探讨了这些国家或企业在服装商品链上的产业升级现象。在文中，杰里菲比较了生产者驱动和购买者驱动的全球商品链之间的不同。认为前者是一些大规模的，通常是跨国制造商在协调生产网络中扮演核心角色的商品链；后者则是基于大型零售商主导下的一种商品链。他同时指出，产业升级是一个公司或一个经济体能力提高，转移到利润更丰厚或技术熟练程度要求更高的资本/技术密集型生产环节。产业升级可以分为几个不同的层次：（1）工厂内部产业升级——从生产价格低的产品转向生产价格高的产品，从简单产品转向生产复杂的产品或从小的订单转向大的订单。（2）企业之间的升级——从标准化产品的批量生产转向有差别产品的灵活生产。（3）一地或一国经济的升级——从简单来料组装转向 OEM 或 OBM 等更加一体化的模式，涉及一地或一国层面更多使用前向或后向一体化连接。（4）地区经济的升级——从双边的、不对称的区域之间贸易转向一个发展更充分的、区域内的劳动分工，包括商品链内从原材料供应到生产、分销和消费的各个环节等。

　　约翰·汉弗莱（John Humphrey）和休伯特·施密兹（Hubert Schmitz）[①] 在《治理与升级：产业集群和全球价值链的关系研究》一文中，探讨了产业链治理与产业升级之间的关系，他们将产业升级概括为

---

① J. Humphrey and H. Schmitz, "Governance and Upgrading: Linking Industrial Cluster and Global Value Chain Research", *Institute of Development Studies Working Paper*, Brighton, 2000.

四种类型：过程升级（process upgrading），指企业通过生产系统的重组或新技术的使用使生产过程更加富有效率；产品升级（product Upgrading），指企业通过引进更加复杂的产品线实现升级，也就是增加单位产品的附加价值；功能升级（functional uprading），指企业向价值链的设计及市场端延伸；价值链间的升级（inter-sectoral upgrading），指企业将原有的一些能力（如在特定投入部门的生产能力或出口市场的能力）用于新的部门，如中国台湾在技术密集型部门的发展。约翰·汉弗莱和休伯特·施密兹认为产业升级中前三种方式可以理解为同一条价值链上的升级，而价值链间的升级，实际上就是一种跨产业的升级，如从劳动或资本密集型向技术密集型产业的发展，也就是通常所讲的产业结构调整。约翰·汉弗莱等人提出的四种产业升级方式，全面概括了一个企业或一个产业在生产技术、产品价值、产业链地位以及产业结构上的升级，是对产业升级方式的全方位阐述，因此也成为目前产业升级研究中公认的理论内涵。

在国内，一些学者也开始从全球产业价值链的角度研究产业升级问题。刘志彪①认为，产业升级是指产业由低技术水平、低附加价值状态向高新技术、高附加价值状态的演变趋势，它主要包括两种形态的资源配置趋势：一是在等量资本取得等量利润的导向下，资源在国民经济各产业之间的移动。二是在竞争导向下，资源在同一产业内部从低效率企业向高效率企业移动。产业升级的典型形态包括以下几种：一是国民经济中劳动力结构首先由第一次产业向第二次产业移动，到达一定水平之后再由第二次产业向第三次产业移动。二是国民经济各产业部门的升级。以制造业为例，至少包括三大变化趋势：重化工业化、高加工度化、生产要素密集化（生产要素结构沿劳动密集—资本密集—技术密集—知识密集方面发展）。三是行业（产品）结构的升级。四是同一产业内部的企业，在竞争原则规范下，积极主动地转产。需求拉动和供给

---

① 刘志彪：《产业升级的发展效应及其动因分析》，《南京师范大学学报》（社会科学版）2000 年第 2 期。

推动是产业升级的动力。张耀辉①对产业升级的概念的演进情况进行了认真的辨析，分析了传统的产业升级理论存在的缺陷。他认为，产业升级这一概念概括了产业发展的历史进程，也指出了产业结构变迁的方向。传统的产业升级是三次产业理论下的一个派生概念，是指第一、第二、第三次产业依次转移，不断提高产品附加值的比例的过程。而且由于这一理论是从大的历史跨度进行分析的，缺少时间或者收入变化的参考坐标，使很多政府陷入了盲目推动产业升级（实际上是产业结构升级）上，过多强调第三产业发展，不注重产业的相对稳定，导致地区经济竞争力受损。产业升级的真正含义是高附加值产业代替低附加值产业的过程，三次产业间的转移是一个低附加值产业不断被高附加值产业代替的过程，包括三方面内容：第一，产业升级的方向是高科技产业和新兴产业代替传统产业；第二，产业升级的基础是创新；第三，产业升级必须伴随要素升级。产业升级的过程实质上是产业创新与产业替代的过程。冯艳丽②认为在全球价值链外包体系中，产业升级是由低技术、低附加值状态向高技术、高附加值状态的演变，即产业在价值链上所处地位的提升。实际上是同一价值链中各环节和不同价值链之间互动产生的复杂动态结果，是一国产业在全球价值链中朝着高附加值环节或链条的不断攀升。

综合国内关于产业升级内涵的研究成果，可以看出，尽管在产业升级的内涵界定上还存在一定的不统一，但是有几点是可以肯定的：第一，普遍认为产业升级与产业结构调整之间是不同的，产业升级应该是由低附加值产业向高附加值产业的演进，而不仅仅是三次产业之间的结构调整。第二，在产业升级的过程中必然伴有产业发展要素的升级，也就是说，要由过去以劳动力和资本为驱动要素的发展阶段，向以创新为驱动要素的发展阶段演进。第三，在全球化时代，对中国产业升级的研究应该纳入全球产业体系之中进行研究。

---

①　张耀辉：《产业创新：新经济下的产业升级模式》，《数量经济技术经济研究》2002年第1期。

②　冯艳丽：《略伦全球价值链外包体系与中国产业升级的动态关系》，《经济问题》2009年第7期。

2. 基于产业价值链角度的产业升级路径研究

在全球价值链中，一个国家或地区所处地位不同则其产业升级的路径也会不同，而且在不同类型的 GVC 中，产业升级的路径和方式也会有很大的区别。因此，不同的 GVC 治理模式对于发展中国家的制造商（或供应商）具有不同的升级含义。在实践中，GVC 治理可能是多种模式的混合，因此该领域的研究基本上是沿着两条路径展开：其一是通过构建简化的 GVC 模型来降低问题的复杂性；其二是进行各类型 GVC 的实证研究以建立有关产业升级发生条件的一般原理。目前该领域的研究主要聚焦于准层级型、网络型（含模块型）以及市场型这几种 GVC 治理模式下的产业升级。

在准层级型 GVC 研究方面，一般把准层级 GVC 视为发达国家的购买者（或采购商）与发展中国家的制造商（或供应商）之间的控制与被控制关系。Gereffi[1]，以及杰里菲和梅兹多作奇（Memedovic）[2] 通过对服装产业 GVC 的研究发现，为美国采购商生产的东亚国家供应商处于一个从 OEM 到 ODM，甚至到 OBM 的升级轨迹。虽然升级主要由采购商的需要来驱动，但他们乐观地认为：进入准层级（他们的分类属于购买者驱动型）GVC 的发展中国家以及新兴工业化国家的制造商在生产方面有较好的升级前景，而且随后会进入设计、营销和建立自有品牌的阶段。这也意味着进入准层级 GVC 的企业，不但可以实现流程和产品升级，也可以实现功能升级。杰里菲把这种效果归功于"干中学"和"组织演替"（organizational succession）。干中学是在与采购商的互动中制造商知识水平和生产能力的提升；而组织演替则是指制造商从满足低端市场购买者需求的生产转向满足高端市场购买者的生产的过程，国外采购商的这种演替使制造商能力得到升级。迈克尔·霍布迪[3]和霍

---

[1]　Gereffi G. , "International Trade and Industrial Upgrading in the Apparel Commodity Chain", *Journal of International Economies*, 1999, 1 (48).

[2]　Gereffi G. and Memedovic O. , "The Global Apparel Value Chain: What Prospects for Upgrading by Developing Countries?" *UNIDO Strategic Research and Economics Branch Working Paper*, Vienna, 2003.

[3]　Hobday M. , *Innovation in East Asia: The Challenge to Japan*, UK: Edward Elgar Pub, 1995.

布德·施密兹①通过实证分析也分别证明了购买者支持东亚和巴西相关产业出口制造商的重要性。但是，在制造商的能力得到提高以后，购买者就不需要从特定生产能力方面对制造商进行支持。因此，购买者的支持会逐渐减少。但一些学者也对此持有怀疑。霍布德·施密兹（Hobday）对从 OEM 到 ODM 再到 OBM 的转换进行了最为全面的分析，结果发现从 OEM 转向 ODM 的证据比从 ODM 转向 OBM 转换的证据更多。施密兹和克诺林加（Knorringa）② 全球鞋业价值链的研究也表明，中国、印度和巴西的制造商在发展它们的设计和营销能力时遇到了壁垒。他们的研究表明，在准层级 GVC 中，功能升级受到了不同程度的阻碍。这些障碍主要有两类：首先是购买者势力，GVC 的力量源泉在于越来越多的非生产活动，尤其是品牌、营销、产品开发和公司间关系的协调。GVC 中的主导企业集中投资于这些被视为核心能力的活动。因此，供应商就很难有机会与主导企业分享这些核心能力。其次是资源要求，即对于发展中国家的制造商而言，在国外市场拓展自有品牌产品的投资要求较高，而且还需要承担较大的风险。

在网络型 GVC 研究方面，企业间的网络治理关系不但比准层级治理关系更加对称，而且还包含了比市场关系更强的相互承诺，这对双方相互学习和并行创新都有利。因此，如果发展中国家制造商能够嵌入这类 GVC，就会处于理想的升级环境。但这种治理关系在制造商和用户之间具有互补能力时才可能出现。因此，发展中国家制造商一般很少有机会嵌入这类 GVC。一般认为，发展中国家制造商不可能在产品生命周期的早期阶段嵌入网络型 GVC，但随着模块化制造网络的粗线，发展中国家制造商也可以与客户发展网络关系。汉弗莱和施密兹（2004）③ 的研究就表明，虽然巴西西诺斯谷（皮鞋产业集群）的制

① Schmitz H., "Collective Efficiency: Growth Path for Small-scale Industry", *The Journal of Development Studies*, 1995, 31 (4), pp. 529–566.

② Schmitz H. and Knorringa P., "Learning from Global Buyers", *The Journal of Development Studies*, 2000, 37 (2), pp. 177–205.

③ Humphrey J. and Schmitz H., "Chain Governance and Upgrading: Taking Stock", in Schmitz H., ed. *Local Enterprises in the Global Economy Issues of Governance and Upgrading*, Cheltenham: Elgar, 2004, pp. 349–381.

造商对美国、欧洲购买者的交易依赖性仍然很高，而且产品研发较少，但经过多年的发展。西诺斯谷集群企业在产品质量、交货速度方面已经拥有了较强的优势，也具备了为购买者生产任何指定品种皮鞋的能力。因此，巴西鞋业集群正经历从准层级型向模块型升级的转化，功能升级的步伐会加快。也就是说，嵌入网络性 GVC 的机会虽然有限，但一旦嵌入则能为功能升级创造有利条件。

在市场型 GVC 研究方面，目前尚未就发展中国家制造商的产业升级机会形成一致的结论。汉弗莱和施密兹认为，既然产品可以在市场上自由获得，购买者就没有必要控制供应商，供应商也不会受制于购买者，升级的阻碍也不会从链中产生。因此，市场型 GVC 对发展中国家制造商的升级既无帮助也无阻碍。但也有学者对此持不同意见。Tewari① 关于印度卢迪亚纳（Ludhiana）毛织品集群的研究证明，进入市场型 GVC 有助于产业的功能升级。Bazan 和 Navas-Alemn② 的研究也表明，在巴西国内和拉美，以市场关系为主的价值链更有利于功能升级，但流程和产品升级不明显。

从国外关于全球价值链视角下的产业升级研究成果看，现有的研究理论更加关注企业微观层面的升级问题，原有的产业结构调整只是产业升级中的一个方面，同时，国外的产业升级理论也更加关注企业在技术使用、创新能力提升、产品附加价值提高等方面的问题，相比较过去的产业结构调整理论来讲，增强对产业运行质量和效益等方面的关注，也更加有利于企业或产业的长期发展。

在国内产业升级的路径研究方面，比较具有代表性的成果是张其仔在 2008 年发表的《比较优势的演化与中国产业升级路径的选择》一文。张其仔指出，一个国家的产业升级路径由其比较优势演化路径所决定。不同的国家因其当前的产业结构不同，其未来的演化路径就会有所差

---

① Tewari M. , "Successful Adjustment in Indian Industry: The Case of Ludhiana's Woolen Knitwear Cluster", *World Development*, 1999, 27 (9), pp. 1651 –1671.

② BazanL. and Navas-Alemán L. , "Upgrading in Global and National Value Chains: Recent Challenges and Opportunities for the Sinos Valley Footwear Cluster, Brazil", *Paper Presented at the EADI's Workshop "Clusters and Global Value Chains in the North and the Third World"*, Novara, 2003, pp. 30 –31.

异。比较优势演化的路径不一定是线性的、连续的，可能出现分岔和断档，由此，产业升级的路径也不一定是线性，也可能出现分岔和断档。他同时给出了在比较优势演化情况下的产业升级复杂网络图（如图2—2所示）。赵西三①则认为，产业间优先升级路径的实质是基于史蒂芬·瑞丁（Stephen Redding）的"动态比较优势"理论，即一个国家可以发展在未来某个阶段有比较优势的产业，实现所谓"产业赶超"。赵西三认为发展中国家应该按照比较优势的原则调整产业和产品技术结构，产业升级的前提是要素禀赋结构的升级。东北财经大学产业组织与企业组织研究中心课题组在汉弗莱和施密兹线性产业升级路径的基础上，结合张其仔等人的研究成果，以非平衡和平衡发展理论为基础，得出"依托战略性新兴产业进行螺旋交替上升的产业升级与经济发展之路"。该课题组认为，产业升级应当采取非平衡与平衡发展相结合、以非平衡发展为主要途径的发展战略。② 产业升级可能是非线性的，产业在升级过程可能产生分岔，即表现为产业内升级与产业间升级的交叉进行。非线性产业升级，又可以分为产业内升级优先分岔和产业间升级优先分岔。产业内升级优先分岔，就是优先实行产业内升级，当产业内升级达到一个高的水平后，再跳入到另一个产业，实现产业间升级。朱卫平、陈林③对广东省的产业升级案例进行了认真分析，归纳和总结了广东省的三种产业升级模式：第一，产业结构高度化。随着社会生产力不断发展和要素禀赋转化，主导产业依次更替所导致的产业结构升级，产业结构高度化可以是三次产业结构由"一、二、三"到"二、三、一"再到"三、二、一"的主导产业更替过程；也可以是从轻工业起步，经过重化工业再到技术知识集约化的主导产业更替过程。第二，加工程度高度化，是依托产品技术含量和单位附加值提升而在产业内部进行的高附加值和高加工度的产业升级

① 赵西三：《国内价值链重构下区域产业升级的路径研究——基于河南省的实证分析》，《工业技术经济》2010年第11期。

② 东北财经大学产业组织与行业组织研究中心课题组：《发展战略、产业升级与战略性新兴产业选择》，《财经问题研究》2010年第8期。

③ 朱卫平、陈林：《产业升级的内涵与模式研究——以广东产业升级为例》，《经济学家》2011年第2期。

历程。第三，价值链高度化。主要指产业改变所在的生产价值链和国际分工体系中位置，但他们认为外向的资本结构会对产业向高端价值链爬升产生巨大的制约作用。

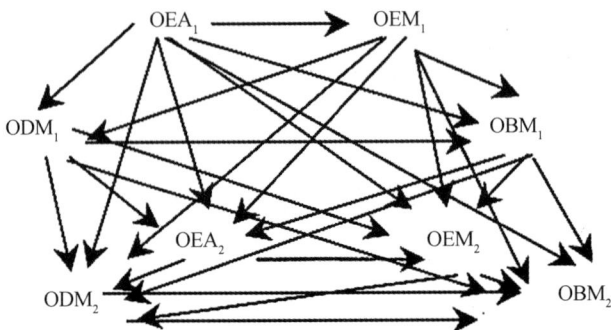

图 2—2　比较优势演化的复杂网络

资料来源：张其仔：《比较优势的演化与中国产业升级路径的选择》，《中国工业经济》2008 年第 9 期。

从以上关于产业升级路径的研究中可以看出，国内的现有研究大多借鉴了西方的研究成果，在研究产业升级的路径时更多关注微观层面，这是对原有的产业结构调整理论研究的极大突破。从具体的实现路径看，与杰里菲、汉弗莱和施密兹的研究结论具有一定的相似性，即包括产业链内部的升级和产业链之间的升级，但国内的研究对产业链之间的升级给予了较多的关注。

第二节　垄断的国内外研究情况

一　国外垄断理论的研究进展及其主要结论

在古典经济学时代，竞争是一种普遍的大量的现象。因此以斯密和李嘉图为代表的古典经济学家对竞争予以高度重视，进行了较深入的分析，并把自由竞争或市场机制即"看不见的手"推崇为促进经济增长的基本机制。而在当时研究文献中提到"垄断"这一概念的并不多，虽然垄断行为作为一种正常的经济现象在经济生活中已经是客观存在的。但是由于在当时的整个经济生活中，垄断现象较为少见、特殊，对经济增长与经济发展的作用十分有限，所以并未引起古典经济学家们的极大关注。尽管如此，古典经济学对当时出现的垄断现象还是给予了一定的分析，不少观点对垄断经济学理论的后期发展与反垄断政策的制定产生了深远的影响。

亚当·斯密在《国民财富的性质和原因的研究》中提出了著名的"垄断弊害论"，认为垄断扰乱了经济本身的"自然秩序"，冲击了社会经济资源的自由配置，使得产量减少，破坏了"看不见的手"对市场的自发调节作用；一些资源被用于获取、维持和扩大垄断而造成浪费，因此垄断不利于国民财富的增长，是毫无用处和十分有害的。

大卫·李嘉图更为关心由于自然条件的限制所引起的"垄断"，特别是土地的有限供给对谷物、葡萄等农产品价格和地租的不同影响。他在《政治经济学及赋税原理》中提出"独占价格"概念的基础上，进一步指出，像谷物、大麦、小麦等一般农产品是不会形成独占价格，并按独占价格出售的，因为它们的数量可以随着土地上投入资本的增加而增加，而且存在买卖双方的竞争，这就决定了这些农产品的市场价格由生产成本和竞争共同决定；而稀有葡萄酒和珍贵艺术品的数量是不能增加的，它们的价格只受购买者的财力和意愿的限制，是按垄断价格进行交易的。（李嘉图，1983）这里，大卫·李嘉图指出了前人所尚未涉及的一种新型垄断，即特殊自然条件的稀缺性所形成的垄断。这种因特殊的自然资源的稀缺性如特殊且稀少的土地、矿产乃至人的特别天赋差异所形成的垄断是无可指责的，在一定程度上是合理的也应是合法的。

J. S. 穆勒在《政治经济学原理》中对垄断问题着墨极少，但他首创了"自然垄断"概念，并对供气、供水等公用事业以及公路、铁路、运河等基础设施在竞争与垄断状态下的效率进行了比较研究，结论是：这些行业具有自然垄断属性，即当这些行业只存在一家企业——独家经营时，技术上效率较高。

法国经济学家奥库斯汀·古诺也对垄断问题进行了研究，并提出了著名的古诺模型。古诺模型假定一种产品市场只有两个卖者，并且相互间没有任何勾结行为，但相互间都知道对方将怎样行动，在这种情况下，古诺研究了这两个相互竞争而没有相互协调的厂商的产量决策是如何相互作用从而产生一个位于竞争均衡和垄断均衡之间的结果，来实现自身利润的最大化问题。因此，古诺模型又称为双头垄断理论。这一理论成为后期寡头理论分析的出发点。

西尼尔为实证经济学的建立奠定了基础，同样也对垄断问题进行了研究。他认为，商品在生产中得到自然要素协助，从而其价值高于没有自然要素协助时所生产出的商品的价值的商品，叫作独占商品，这些独占形式可以分为四类：第一种是垄断者在生产上单独占有某些便利，对生产并没有独占权，比如一个拥有属于自己的专利来生产的厂家；第二种生产情况，是指垄断者虽然生产量受到某种特定条件的限制，不过是唯一的生产者，比如有些葡萄种植园拥有者所拥有的垄断权；第三种情况，垄断者是唯一的生产者，并且可以无限制地增加生产；第四种垄断情况，垄断者虽然不是唯一的生产者，但是在生产上拥有某种特殊的优势，比如对土地拥有的垄断权等。

马克思在《资本论》中，把垄断划分为三种类型：一是自然垄断。马克思所指的"自然垄断"一词不同于现代经济学（包括产业经济学）仍然普遍使用而由 J. S. 穆勒首创的"自然垄断"范畴，而是与 D. 李嘉图所论及的因自然条件的特殊性所造成的垄断内涵大致相同。二是偶然的垄断。是指由偶然的供求关系所造成的垄断。这种垄断只是暂时的，随着供求矛盾的缓解会逐渐消失。三是人为垄断。包括土地的所有权的垄断、生产方法改良的垄断、国际贸易中的某些垄断以及生产集中和资本集中所形成的"资本垄断"等。但对后来马克思主义垄断理论有巨大影响的还是与垄断资本主义基本特征一脉相承的"资本垄断"，是指资本主义生产方式本身造成的垄断，即由生产集中和资本集中所形成的垄断。马克思进一步指出，这种人为垄断是自由竞争的必然产物和对立物。

随着技术的进步以及社会经济的发展，垄断开始成为一种越来越常见的市场结构，到 19 世纪 70 年代，资本主义已经进入垄断时代，这使垄断逐渐成为西方经济学研究的重点问题。与古典学派不同，新古典经济学把垄断视为完全竞争市场的对立物，认为垄断就是指完全垄断市场。例如，新古典经济学代表人物 A. 马歇尔（1964）把垄断界定为，一个人或一个集团有权规定所销售商品的数量或价格的市场。这种垄断显然有别于古典学派的带有封建残余和重商主义性质的政府垄断、自然条件限制性所形成的垄断以及自然垄断，而是指现代微观经济学的完全垄断市场。但是，在马歇尔的著作中，虽然有研究垄断理论的一章，却否认了垄断价格的存在，他认为垄断收益是通过一种"适度价格"取得的。

美国经济学家 E. H. 张伯伦对当时把竞争和垄断截然分开的研究方法表示出了不满，他认为，实际的市场既不是竞争的，也不是垄断的，而是这两种因素的混合，许多市场价格都具有垄断因素。因此，企业家心目中没有纯粹竞争，只有垄断竞争的概念，资本主义的市场结构，除了纯粹竞争和垄断之外，还有由垄断和竞争力量相混合组成的市场，这种性质的市场就是垄断竞争和寡头两种市场。张伯伦还认为，垄断与竞争力量的混合来源于产品差别，这是其理论的核心，也是垄断竞争和纯粹竞争在前提条件上的唯一区别，即垄断竞争具有产品的差别性，而纯粹竞争市场下的产品是同一性的。他指出，产品差别性形成的垄断表现为对市场供给和市场价格的控制，产品差别程度越大，垄断的程度就越大。张伯伦把这些生产和经营具有差别性产品的人称为"竞争的垄断者"，进而把提供差别产品而形成的垄断市场称为"垄断竞争"市场，以区别于其他市场类型。英国经济学家 J. 罗宾逊从消费者偏好和产品之间替代的可能性出发，推论出完全竞争状态是达不到的，不完全竞争才是现实企业市场关系的常态。其理论虽然和张伯伦所持观点大致相同，但是在一些概念和分析方法上还是具有自身特点的。张伯伦和 J. 罗宾逊创立的垄断竞争和不完全竞争理论，奠定了现代微观经济学的厂商理论和产业组织理论的基础。

20 世纪 40 年代以后，在继承张伯伦等人的垄断竞争理论的基础上，梅森（E. S. Mason）、贝恩（J. B. Bain）等人逐渐发展提出了产业组织理论。1939 年美国哈佛大学的梅森教授在其出版的《大企业的生产价格政策》一书中，提出了产业组织的理论体系和研究方向，成为系统研究产业组织理论的开创者。1959 年，梅森的弟子贝恩出版了第一部系统论述产业组织理论的教科书《产业组织》。他在该书中系统地论述了市场结构、市场绩效两段论范式，成为产业组织理论的集大成者。1970 年，F. M. 谢勒出版了《产业市场结构和经济绩效》一书。在贝恩的基础上，他指出，产业组织理论是辨明市场过程如何引导生产者为满足消费者需求进行活动，这些过程如何会中断，以及怎样（通过政府干预）对市场进行调节，使实际成效更加接近于理想情况的一门学问，他同时建立了传统产业组织理论中流行的市场结构、企业行为、市场绩效（SCP）三段论范式，从而将哈佛学派的产业组织理论体系又向前推进了一步。哈佛学派认为，在垄断市场条件下，企业的效率是低下的，市场竞争程度越高，企业效率越高。因为寡占或垄断市场结构，存在少数企业间的共谋，削弱了市场竞争，破坏了资源配置效率。所以，主张控制并购，肢解大企业，反对阻碍竞争的协调行为，并且制定了达到垄断状态的市场份额标准，认为只要形成生产经营的垄断态势，就应在反垄断法的制裁之列。

20 世纪 60 年代，芝加哥学派的主要代表人物，如施蒂格勒（George Stigler）、德姆赛茨（H. Demsetz）、布罗曾（T. Broaen）、波斯纳（R. Posner）等人对哈福学派的结构主义理论产生了怀疑，针对其市场集中度决定绩效的观点，芝加哥学派认为，集中度与盈利和价值之间并无简单联系，市场绩效对市场结构有重大影响，甚至决定市场结构，主张反垄断政策突出效率目标，被人们称为"效率学派"。与哈佛学派观点不同，芝加哥学派认为，在激烈竞争中，一些企业由于具有规模经济、技术与管理优势，从而更加具有效率，所以才能获得高额利润。同时，会促使规模扩大和市场集中度提高，从而形成了垄断的市场结构。因此，垄断的形成是追求效率的结果，是有效率的结构，即使市场是垄断的或高度集中度的，但只要市场绩效良好，就没有必要进行政府规制。该学派认为，垄断的症结在于共谋，而不在于垄断市场状态本身。应重点分析垄断及定价结果是否提高了效率，而不应仅关注于市场结构。

20 世纪 70 年代，美国、英国等主要西方发达国家进入了经济的"滞胀"阶段，由此引发了理论界对凯恩斯主义的全面反思，对政府规制特别是进入规制所导致的不公平以及规章制度本身的低效率的批评越来越多；同时，以计算机和电子技术为中心的技术革命的兴起，使得原来政府对航空、通信、金融、汽车运输等产业进行规制的依据不断淡化，由此出现了放松规制的倾向。在芝加哥学派的产业组织理论的基础上，鲍莫尔（W. Baumol）、帕恩查（Panzar）和韦利格（Willig）等人提出了可竞争市场理论，1982 年，三人合著的《可竞争市场与产业结构理论》一书出版，标志着该理论的形成。该理论认为，良好的生产效率和技术效率等市场绩效，在传统的哈佛学派的理想市场结构以外仍然是可以实现的，而无须众多竞争企业的存在。它可以是寡头市场，甚至是垄断市场，但只要保持市场进入的完全自由，只要不存在特别的进出市场成本，潜在的竞争压力就会迫使任何市场结构条件下的企业采取竞争行为。在这种环境条件下，包括自然垄断在内的高集中度的市场结构也可以是有效率的，这些厂商也只能制定可维持价格，保持接近于完全竞争的价格水平，因为潜在进入者会通过打了就跑的策略消除高价带来的超额利润。该理论的提出对发达国家规制政策的制定以及措施的调整等产生了极为深远的影响。

针对传统 SCP 范式的缺陷和芝加哥学派的挑战，20 世纪 70 年代以来，一批有着良好微观经济学理论素养和数学基础的经济学家，如斯宾塞（A. M. Spence）、萨洛普（S. C. Salop）、迪克西特（A. K. Dixit）、泰勒尔（J. Tirole），以及施马兰西（R. Schmalensee）、韦利格（R. D. Willig）等人，利用现代微观经济学中可竞争市场理论、交易成本理论、合约理论等的最新成果，对传统产业组织理论进行了全面的改造，形成了新产业组织理论（NIO），并将博弈论引入产业组织理论中。新产业组织理论力图使用微观经济学的分析工具，在不完全竞争模型和博弈论工具的基础上，构筑起对现实经济解释的理论逻辑基础。这一理论也超越了效率学派利用单纯的价格理论分析市场竞争性均衡问题的理论框架。该理论的学者们认为，寡占竞争是目前市场结构的主要均衡模式，而并不像效率学派认为的在不存在政府干预的情况下市场的最终均衡是竞争性均衡。他们利用非合作博弈模型分析了在寡占厂商相互依赖的条件下，市场竞争均衡的必要条件。同时，他们利用动态的方法，替代了传统的静态、比较静态的分析方法。他们认为，假定经济主体的行为是进行的序贯决策，那么这种决策行为就已经考虑到了现在的行为对以后市场竞争的持续性影响。企业垄断行为不再只取决于垄断市场结构这种客观事实，而且还取决于该企业对自己行为可能引致的其他企业反应行为的预期。这样，企业垄断行为的决定不再只是一种客观的经济决定，而与当事人的心理预期紧紧地联系在一起。

近年来，随着世界经济进入信息时代，有的产业组织研究者提出了"模块化新产业结构"理论①。他们认为，信息技术发展使企业之间能够快速传递信息，利用网络信息系统，彼此之间可以方便地共享各种技术资源。这样，在一个行业内，可以分解为一些模块，分别集中力量进行设计和工艺加工等各个环节，这就使垄断企业生产率更高，从而使社会资源得到更加合理地集中配置。

二　国内关于行政性垄断的主要研究情况

在中国，垄断问题也是学者们较为关注的研究重点，但是，与西方发达国家市场经济较为成熟的背景不同，中国的市场经济体制还不完善，政府对市场的干预在很多领域依然存在，这使得中国垄断现象的出现大多是因为政府干预所导致的行政性垄断。因此，如何规制行政性垄断、促进资源配置效率的提高成为中国垄断研究中的主要内容。总体来看，研究主要基于以下几个方面而展开：

第一，关于行政性垄断的内涵、特征及类型的研究。尽管国内的大多数学者均认为，行政性垄断是存在的，但是在如何界定行政性垄断，行政性垄断包括哪些类型方面还存在一定的争议。从目前对行政性垄断的定义上看，大多是从行政性垄断的形成原因的角度进行界定的，如较早提出"行政性垄断"概念的胡汝银②，在其著作《垄断与竞争：社会主义微观经济分析》中指出，行政性垄断是通过行政手段和具有严格等级制的行政组织的垄断。王保树③认为，行政性垄断的形成必须具备三个要件：一是主体要件，也就是行政性垄断形成的实施者，或者行为后果的承担责任者，在我国，实施主体就是政府和政府部门；二是主观要件，也就是行政权力的滥用；三是客观要件，即对竞争的实质限制。只有具备这三个要件的垄断行为才能称为行政性垄断。胡

---

① ［日］青木昌彦、安腾晴彦：《模块化时代：新产业结构的本质》，周国荣译，上海远东出版社 2002 年版。

② 胡汝银：《竞争与垄断：社会主义微观经济分析》，上海三联出版社 1988 年版，第48 页。

③ 王保树：《论反垄断法对行政垄断的规制》，《中国社会科学院研究生院学报》1998 年第 5 期。

薇薇①将行政性垄断界定为，是凭借行政权力而形成的垄断，是特殊的垄断。石淑华②则认为，行政性垄断是指中国在经济市场化进程中，企业与行政机构以某种形式联合起来利用行政权力构筑政治壁垒而形成的一种排他性控制。

还有一些学者从行政性垄断的特征入手，来认识和理解行政性垄断。例如，过勇、胡鞍钢等③认为，与其他垄断形式相比，行政性垄断最为显著的特征就是政府部门以规章制度、行政命令的形式维持着某些行业的垄断地位，主要体现：对本不属于自然垄断的行业实行准入限制；对不同企业之间实行歧视性对待，特别是对私有企业和非直属企业实行歧视；由政府部门出面帮助企业进行卡特尔定价；对公共资源实行垄断；以及用行政手段实行地区间的封锁等。郑鹏程等④则认为，行政性垄断的特征在于，行政性垄断实施主体地位的特殊性，行政性垄断具有的较强的强制性和较强的隐蔽性，行政性垄断的动机和目的呈现多样性以及行政性垄断具有更严重的危害性等方面。

此外，一些学者还对行政性垄断的类型进行了研究。邓保同⑤从行政性垄断的产生原因入手，将行政性垄断分为地区性行政性垄断与行业部门行政性垄断两类。王保树⑥认为，在我国，行政性垄断的主要表现形式：地方贸易壁垒、部门贸易壁垒、政府限定交易、设立行政公司等。于良春等⑦提出了关于行政性垄断的三级分类法，即一级分类是按照行政权力的范围和方向将行政性垄断分为地区性行政性垄断和行业性

---

① 胡薇薇：《我国制定反垄断法势在必行》，《法学》1995 年第 3 期。

② 石淑华：《马克思主义垄断理论与西方经济学垄断理论的比较研究》，《徐州师范大学学报》2006 年第 3 期。

③ 过勇、胡鞍钢：《行政垄断、寻租与腐败——转型经济的腐败机理分析》，《经济社会体制比较》2003 年第 2 期。

④ 郑鹏程、刘敏军：《论行政垄断的违法本质》，《行政与法》2002 年第 11 期。

⑤ 邓保同：《论行政性垄断》，《法学评论》1998 年第 4 期。

⑥ 王保树：《论反垄断法对行政垄断的规制》，《中国社会科学院研究生院学报》1998 年第 5 期。

⑦ 于良春、付强：《地区行政垄断与区域产业同构互动关系分析——基于省际的面板数据》，《中国工业经济》2008 年第 6 期。

行政性垄断；二级分类是按照行政权力行使的特点将地区性和行业性行政性垄断分别相应地分为职权型、授权型、越权型、不当型、立法型、规范型等；三级分类是按照行政权力存在的形式将上述二级形态的行政性垄断分为直接型、间接型、组织型、个体型等。郑鹏程①将行政性垄断分为地区封锁、部门垄断、强制交易、强制联合限制竞争四类。杨兰品认为从不同的角度可以对行政性垄断进行不同的分类，具体来说，从垄断行为是否合法的角度，可分为合法的行政性垄断和违法的行政性垄断；从垄断的合理性看可分为合理的行政性垄断和不合理的行政性垄断；从垄断主题实施行政性垄断的空间范围来看，可分为国内地区性行政性垄断和国际性行政性垄断。

　　第二，关于行政性垄断成因及其危害的研究。关于行政性垄断的成因及其危害，是中国学者研究的一个热点。在行政性垄断的成因方面，有学者将其成因归为三点，即计划经济的影响、利益因素和历史原因。② 郑鹏程则认为，行政性垄断的成因是极其复杂的，既有历史原因，也有现实原因；既有经济原因，也有政治原因；既有观念原因，也有制度原因；既有直接原因，也有间接原因。在总结分析的基础上，他认为，行政性垄断的主要成因可以分为三个层面，即行政性分利集团的产生，利益分配制度的不合理，以及控制行政性垄断的有效法律制度的缺失。③ 刘悦④认为，行政性垄断的成因主要为两个方面：一是官本位思想的贻害，这是行政性垄断形成的历史根源。二是利益的驱动，这是产生行政性垄断的重要因素。

　　关于对行政性垄断危害的认识问题上，从目前的研究结果看，其结论是比较统一的。有学者⑤将行政性垄断的危害分为对外危害和对内危害，其中，对外而言，行政性垄断是我国加入 WTO 之后，适应世界贸

---

① 郑鹏程：《行政垄断的法律控制研究》，博士学位论文，西南政法大学，2002 年。

② 杨兰品：《试论行政垄断及其与相关概念的关系》，《湖北经济学院学报》（人文社会科学版）2006 年第 7 期。

③ 郑鹏程：《行政垄断的法律控制研究》，博士学位论文，西南政法大学，2002 年。

④ 刘悦：《浅析行政垄断及其规制》，《法治与社会》2014 年第 9 期。

⑤ 李茂华：《论我国行政性垄断的危害与规制》，《海南大学学报》（人文社会科学版）2004 年第 1 期。

易组织规制的拦路虎；对内而言，行政性垄断分割了市场，破坏了公平竞争机制。也有学者①认为，行政性垄断的危害集中在以下几个方面：地方保护主义迅速膨胀；严重限制、排斥、阻碍市场竞争，影响市场经济的健康发展，阻碍全国统一开放市场的形成；行政性垄断直接导致寻租，滋生腐败；影响我国国内经济同世界经济的接轨等。姜付秀和余晖②从行政性垄断所导致的福利损失的角度入手，对行政性垄断的危害进行了实证分析，其分析结果显示，我国产业的行政性垄断对经济社会产生了很大的危害。1997—2005 年，仅仅是烟草、铁路运输、电力、邮电通信、石油开采与加工、金融6 个行政性垄断行业所造成的福利净损失按照最低限的估计为 738 亿元，最高限的估计为 3748 亿元，占国民总收入的比重分别为 0.612% 和 3.279%，制度总成本 9 年的平均值最低限的估计为 6022 亿元最高限的估计为 9388 亿元，分别占国民总收入的比重为 5.302% 和 8.300%。

第三，关于对行政性垄断如何进行有效规制的研究。对于行政性垄断的危害及规制的必要性，我国学术界还是相当有共识的，普遍认为行政性垄断已经给我国经济社会造成了巨大的危害，当前中国反垄断的主要任务是反行政性垄断。不同学术背景的学者就从不同的角度出发，提出了各自不同的观点。如胡鞍钢等③认为，对行政性垄断可以采取以下规制措施：一是从限期实现政企分开，废除阻碍垄断行业市场准入和全国统一市场形成的规章制度；二是构筑多元化的产权格局与市场竞争格局；三是重新界定政府负值的内容和范围，加速反垄断立法，强化监管职能等。朱正余④认为，目前我国的反垄断条款内容规定不甚明确，为此，今后要明确界定垄断犯罪行为，以及反垄断执法机构的性质，同时

---

①　石淑华：《马克思主义垄断理论与西方经济学垄断理论的比较研究》，《徐州师范大学学报》2006 年第 3 期。

②　姜付秀、余晖：《我国行政性垄断的危害——市场势力效应和收入分配效应的实证研究》，《中国工业经济》2007 年第 10 期。

③　胡鞍钢、过勇：《从垄断市场到竞争市场：深刻的社会变革》，《改革与理论》2002 年第 5 期。

④　朱正余：《从美日反垄断刑法规制评析我国反垄断刑事条款》，《吉首大学学报》（社会科学版）2011 年第 4 期。

完善反垄断立法的相关条款。徐士英①则从竞争政策的视角出发，提出了确立竞争政策作为国家基本经济政策的选择路径，认为应该在竞争政策的统领下全面规制政府经济权利的运行，整合规制行政性垄断的制度资源，改变规制行政性垄断的政策环境，突破行政系统内部救济的思路，拓展规制行政性垄断的有效路径，具体就是要强化竞争政策对反垄断法实施的统领作用，以及积极推进竞争执法以外的竞争倡导体系等。

第三节　垄断与产业升级的主要研究成果

一　关于垄断与技术创新的相关研究

垄断对技术创新的影响，是产业组织理论研究的热点问题，但同时也是产业组织理论争论的焦点。在理论研究与实证分析的过程中，不同的学者各有所见，形成了以下两种代表性观点：

一是主流经济学的流行观点。该观点认为，自由竞争性市场最有利于促进技术创新，而经济垄断会阻碍技术创新的推进。这是因为，经济垄断下企业创新的动力不足，其创新激励不如自由竞争性企业强。原因在于：

第一，在自由竞争性市场下，完全竞争企业生产大量的同质产品，且以边际成本定价出售。因此，从长期均衡状态看，完全竞争企业的经济利润为零。但从短期来看，如果某个企业抢先创新成功，就能降低生产的平均成本和边际成本，并能提高产品质量，从而获得短期超额利润。同理，垄断企业进行技术创新也能获得超额利润。但是，垄断企业也可以凭借垄断地位而获得超额利润。一旦技术创新带来的超额利润小于或等于因垄断而得到的超额垄断利润时，垄断企业就会放弃创新而选择谋求或维持垄断。即使技术创新带来的超额利润超过垄断利润，但相对于竞争企业而言，技术创新对垄断企业的激励也远远弱于竞争性

---

① 徐士英：《竞争政策视野下行政性垄断行为规制路径新探》，《华东政法大学学报》2015 年第 4 期。

企业。

　　第二，替代效应也可能使垄断市场的创新动力不足。替代效应是K. J. 阿罗在1962年提出的。阿罗认为，垄断企业进行技术创新前与创新后的产品之间具有替代性，是一种自我竞争，因此，垄断企业进行技术创新的结果有可能是"自我替代"。而中小型竞争企业通过技术创新则有可能成为新的垄断者，取代在为垄断者，实现"创新替代"。由此导致中小企业组成的自由竞争性市场的创新动力较强。K. J. 阿罗[①]曾指出，以利润最大化为目的垄断市场工艺创新的动力，来自生产的平均可变成本的下降，创新动力来源于激烈的竞争，一旦创新成果被采用，采用老技术的生产者将没有竞争力，因此也将不可能继续生存。如果一个新进入者通过技术创新成功获得专利而居于垄断地位，那么他会比已获得垄断地位的企业有更强的动力进行技术创新。因为替代效应使垄断企业从技术创新中获得的收益增量比新进入者小得多。阿罗在1970年的另一部作品中进一步指出，自由竞争市场要比经济垄断具有更强的创新激励因素，因此垄断除了造成静态福利损失外，还可能延缓技术进步。卡尔顿等[②]则认为，垄断企业为保护自己的垄断利益，避免潜在的竞争，往往可能购买或压制有利于快速产生变化的新专利，并且使之较长时间处于搁置状态，有时也称为"沉睡"的专利。这也是对创新极为不利的。

　　第三，技术开发的投资多、风险大，影响垄断企业从事技术创新的积极性。在技术发明与产品开发之间，需要花费大量时间和投资费用，还存在很大风险，因此，垄断企业对技术创新的投资总是犹豫不决。F. M. 谢勒[③]认为，最初的技术发明费用较小，而产品开发或商业用途则需要花费较多的时间和较大的投资，同时，在开发产品阶段，风险是处于整个技术创新的最高点。例如，1938年切斯特·肯尔森就发明了复印机，可是施乐公司花费了21年时间2000多万美元才正式投入批量

---

①　Arrow K. J. , *Aspects of the Theory of Risk Bearing*, Yrjo Jahnssonin Saatio, Helsinki, 1965.

②　[美] 卡尔顿、佩罗夫：《现代产业组织》，黄亚军等译，上海人民出版社1998年版。

③　[美] F. M. 谢勒：《产业结构、战略与公共政策》，张东辉等译，经济科学出版社2010年版。

生产。谢佩德①也认为，垄断企业在技术创新所产生的生产率方面不具
有优势，因而影响了垄断企业从事技术开发的积极性。谢佩德认为，中
小型企业的研究开发活动所产生的净生产力往往高于大的公司，因此，
可以预期，中等规模的企业更热衷于技术革新。威廉姆森（William-
son）②、波兹曼（Bozeman）and 林克（Link）③、Mukhopadhyay④ 等的实
证研究结果支持了阿罗（Arrow）等人的观点。

二是熊彼特等人的反主流经济学观点。熊彼特在其 1912 年出版的
《经济发展理论》一书中反对自由竞争是技术创新的主要机制这一观
点，主张只有垄断市场机制才是促进技术创新的主要市场结构。1942
年熊彼特在《资本主义、社会主义和民主》一书中指出："在资本主义
现实中，有价值的不是这种竞争（完全竞争），而是关于新商品、新技
术、新供给来源、新组织类型（例如大规模的控制单位）的竞争，也
就是占有成本上或质量上的决定性有利地位的竞争，在那里，似乎没有
理由指望获得完全竞争的结果，却更适合于垄断的模式。"在熊彼特看
来，资本主义在本质上是一个创造性的毁灭过程，在这种变化的过程
中，完全竞争不利于激励创新活动，因为任何由创新所引起的新事业立
即被过多的企业所模仿，新行业立即被过多的企业所涌入，以致创新者
得不到应有的利益，从而挫伤其创新的动力，因此不利于经济进步⑤。
熊彼特进一步指出，以往的经济理论认为垄断不如竞争有效率，是以
"既定的需求状态和成本状态在竞争情况下和在垄断状况下是一样的"
这一不现实的假设为前提的，现代大企业极为重要的一点是由于它产出
数量的巨大，它的需求状态和成本状态比完全竞争制度下同一产业部门

---

① ［美］谢佩德：《市场势力与经济福利导论》，易家祥译，商务印书馆 1980 年版。

② Williamson O. E. , "Innovation and Market Structure", *Journal of Political Economy*, 1965, 1（73）, pp. 67 – 73.

③ Bozeman B. and Link A. , *Investments in Technology: Corporate Strategy and Public Policy*, Praeger Publishing Company, 1983.

④ Mukhopadhyay A. K. , "Technological Progress and Change in Concent-ration in the U. S", *Southern Economic Journal*, 1985, （52）, pp. 141 – 149.

⑤ ［美］约瑟夫·熊彼特：《资本主义、社会主义与民主》，吴良健译，商务印书馆 1999 年版，第 148 页。

的需求状态和成本状态远为有利，并且这是不可避免的。①

加尔布雷斯（J. K. Calbrait）同样认为大企业是技术创新最有效率的发明者和传播者，因为，研究与开发的支出对于小企业来说太昂贵，以至于它们不适合于从事研究与开发工作，因为这是一个消耗时间的过程。小企业或许不能等待推迟的报酬，因为它们没有足够的财力。此外，研究与开发工作中可能也有规模经济，小企业从事大规模的研究与开发计划或是财力不堪负担，或是不合算。而且，既然研究与开发支出是要冒风险的，那么只有大企业才能把这个风险分摊在大量项目里。最后，也许只有大企业才能充分开发和利用这些研究与开发的成果。②

沿袭熊彼特的观点，德姆赛茨（Demsetz）对市场结构与创新关系的问题又进行了深入探讨，并引起了经济史上有名的阿罗－德姆塞茨之争。德姆赛茨在1969年发表的《信息与效率：另一种观点》的文章中，批评了阿罗对竞争和垄断下创新激励的分析，他认为阿罗没有在可比的基础上进行比较，有效的比较，要求在对比的一方考虑到与垄断有关的限制性情况。而且，他指出阿罗研究的是不对称的情况，其中假定外部创新者向竞争行业提供发明，而垄断者却自己从事创新。德姆赛茨设想的两种情况可以根据大幅度降低成本的发明来说明。并且特别强调：如果行业的规模相同，垄断对创新会提供较大的激励。③ 费德里德·埃特罗（Federico Etro）的研究表明垄断对于创新是有益，并研究了为什么创新与垄断天生具有天生的联系性。④ 尤金·科瓦克（Eugen Kovac）、维亚切斯拉夫·维诺格拉多夫（Viatcheslav Vinogradov）、克里西特·齐

① ［美］约瑟夫·熊彼特：《资本主义、社会主义与民主》，吴良健译，商务印书馆1999年版，第171—175页。

② J. K. Galbraith. , *American Capitalism*：*The Concept of Countervailing Power*, Transaction Publishers, 1951.

③ H. Demsetz, "Information and Efficiency：Another Viewpoint", *Journal of Law and Economics*, 1969, 1 (12), pp. 1 – 22.

④ Federico Etro, Ucsc Milan, "The Political Economy of Fiscal and Monetary Unions", *Giornale degli Economisti e Annali di Economia*, 2004 (63), pp. 289 – 328.

吉奇（Kresimir Zigic）① 的研究也支持熊彼特的观点，认为市场垄断力量对创新具有正效应，拥有市场垄断力量可以使企业获得超额利润，能够有效地为创新活动进行融资，而且企业创新之后又可以进一步获得一定的市场垄断力量，对这种事后市场垄断力量的预期也会激励企业进行创新活动。② 保罗·G. 加雷拉（Paolo G. Garella）的研究也表明，垄断者具有较高的创新投资意愿，而这可能是来自市场的需求。然而 Aghion and Howitt 的研究则表明并不存在熊彼特所说的长期效率，只有在竞争的条件下，企业为了在市场中生存才会持续创新。

国内关于垄断与技术创新的研究，也大多支持熊彼特等人的理论。如刘国新等③就市场结构对技术创新的影响进行了分析，分析结果显示集中度与产业的利润率及技术创新投入呈正相关，由此使得高集中度的产业具有较大的 R&D 投入强度，低集中度产业 R&D 投入相对较小。同时企业规模对创新效率也有较大影响，大企业更有强的资源优势，其创新活动对整个经济具有重要作用；小企业具有灵活性、竞争压力大的特点。大企业与小企业在创新行为上表现出不同的特点等。戚聿东④根据 1995 年中国独立核算大中型企业的相关数据的计算分析后认为，就总体而言，不存在市场集中度与技术创新完全的正相关关系，但在市场集中度为 20% 以下的 3 个产业群组（占 65%）中，不论是技术开发项目数、开发新产品经费、R&D 内部经费支出等技术创新投入指标，还是国家级新产品销售收入和开发成果获奖数等技术创新产出指标，均无一例外地完全体现出市场集中度与技术创新的正相关关系。在市场集中度为 20% 以上的 3 个产业群组中，市场集中度与技术创新的关系不明朗，但

① Eugen Kováč, Viatcheslav Vinogradov, Krešimir Žigić, "Persistence of Monopoly, Innovation, and R&D Spillovers: Static Versus Dynamic Analysis", *Computing in Economics and Finance, Society for Computational Economics*, 2006, 516.

② Paolo G. Garella., "Monopoly incentives for Cost-reducing R&D", *Economics Letters, Elsevier*, 2012, 117（1）, pp. 21 – 24.

③ 刘国新、万君康：《市场结构对技术创新的影响分析》，《管理工程学报》1997 年第 S1 期。

④ 戚聿东：《我国产业集中度与经济绩效关系的实证分析》，《首都经济贸易大学学报》1999 年第 1 期。

在技术开发项目、R&D 内部经费支出和开发成果获奖数 3 个指标上，市场集中度最高的产业都表现出绝对的优势。魏后凯[①]通过对 1999 年中国 28 个大中型制造业企业技术创新能力与市场集中度的相关性分析，得出结论：中国企业的总体创新能力、新产品开发能力、技术改造能力和引进消化能力均与市场集中度呈正相关。陈泽聪、徐钟秀[②]运用 DEA 方法计算了我国制造业各行业和各省市制造业 1994—2003 年技术创新效率值。通过面板数据模型检验影响企业技术创新效率的因素。结果显示：中国制造业企业技术创新效率与企业规模显著正相关，即规模大的企业技术创新效率较高。从模型结果看，企业数量或市场竞争程度与技术创新效率呈负相关。

然而，徐长生等人[③]的研究成果却表明，市场的竞争程度与创新之间是相互促进的，导致这一结果的主要原因是竞争性市场中长期的自然选择效应，只有持续创新的企业才能在市场竞争中生存，而能够生存下来的企业都是相对有效的，因而新一轮的竞争将变得更加激烈。陈傲[④]对熊彼特两个矛盾的假说（即假说一：在企业数量较多的行业中，企业必须不断进行技术创新并提高创新的效率；假说二：市场集中度和企业规模与技术创新存在正相关性，企业规模越大，所在行业集中度越高越有利于创新效率的提升）进行了分析，结果表明，熊彼特两个相互矛盾的假说均没有通过检验。对于部分竞争性行业，由于企业数量过多，规模普遍较小，虽然行业内企业之间竞争激烈，但因缺乏规模效益而并没有带来技术创新效率的提升；而对于另外一些垄断性行业，企业平均规模较大，但由于国有企业的主导地位，导致行业内缺乏竞争，企业规模对技术创新效率的促进作用又没有得到真正发挥。

①　魏后凯：《中国制造业集中状况及其国际比较》，《中国工业经济》2002 年第 1 期。

②　陈泽聪、徐钟秀：《我国制造业技术创新效率的实证分析——兼论与市场竞争的相关性》，《厦门大学学报》（哲学社会科学版）2006 年第 6 期。

③　徐长生、王晶晶、汪海：《竞争程度、市场规模与创新——一个基于联立方程模型的中国经验研究》，《华中科技大学学报》（社会科学版）2008 年第 4 期。

④　陈傲：《中国工业行业特征对企业技术创新效率影响的实证分析——兼论企业创新效率提升的市场结构条件》，《科学学与科学技术管理》2008 年第 3 期。

二　关于垄断与经济效率的相关研究

20 世纪 20 年代以来，伴随生产规模的扩大和市场集中度的提高，行业中的垄断问题越来越严重且日趋频繁，极大地影响和阻碍了资源的优化配置，导致了经济发展上的低效率，从而使新古典经济学陷入了"马歇尔困境"。为了修正新古典经济理论的缺陷，哈佛大学经济学教授梅森（Mason）在继承张伯伦和 J. 罗宾逊的垄断竞争理论的基础上，于 1938 年成立了产业组织研究小组，运用案例分析法，考察了美国主要行业的市场结构情况，初步提出了产业组织理论体系。1959 年，贝恩在《产业组织》中首次系统论述了产业组织理论，经过谢勒的发展，创建了市场结构（market structure）—市场行为（market conduct）—市场绩效（market performance）的分析框架（简称 SCP 分析框架），即市场结构决定市场行为，市场行为决定市场绩效的分析框架或范式。该理论认为，在完全竞争的市场结构下，价格完全由市场决定，企业只需在价格等于边际成本的水平上决定产出，所有的企业或行业在长期内都只能获取正常利润。此时生产技术效率、资源配置效率和社会福利均达到最大化，即实现了帕累托最优。倘若市场结构偏离完全竞争，则不可避免地产生企业在价格和产出决策上的垄断势力，从而凭借垄断势力或合谋行为获得超过正常利润的超额利润。因此政府的反垄断政策关注的重点不是企业行为而是市场结构。贝恩看来，垄断力量最终来源于市场结构。一个企业数量越少、市场集中度越高的市场结构，就越容易发生少数企业之间通过相互勾结、操纵市场来限制竞争的行为，从而削弱市场的竞争性，使垄断企业获取高额利润，破坏资源的有效配置。

1933 年 J. 罗宾逊和张伯伦分别从消费者偏好、产品之间的替代和产品差别角度，论证了不完全竞争是市场常态，并把垄断竞争与完全竞争的市场效率进行比较分析，认为在垄断竞争条件下，由于企业需求曲线不再水平，而变为向右下方倾斜，从而在实现市场均衡时，企业生产的产量少于完全竞争市场均衡时的产量，而价格高于完全竞争市场均衡时的产品价格。因而垄断竞争市场的效率低于完全竞争市场。在此基础上，主流经济学的厂商均衡理论进一步证明：完全竞争市场的资源配置效率最高、垄断竞争市场的资源配置效率较高、寡头垄断市场的资源配置效率较低、完全垄断市场的资源配置效率最低。即资源配置效率与市场的竞争程度呈正相关、与市场的垄断程度呈负相关。这就是说，市场垄断程度越高，资源配置效率越低，经济垄断造成巨大的社会成本。根据主流经济学的观点，垄断导致的效率低下主要存在两方面的原因：一方面，垄断企业的高定价导致部分消费者退出该商品消费领域，使需求小于供给，损害了消费者福利；另一方面，垄断企业因肆意维持高价而缩减产量，生产规模小于最佳有效规模，使供给小于需求，导致社会福利净损失，最终造成资源配置低效率和经济效益的低下。

从 20 世纪 50 年代开始，一些经济学家开始对垄断造成的资源配置效率损失——垄断社会成本进行验证计量研究。1954 年，哈伯格（Harberger）[1] 建立了衡量垄断的社会成本模型——哈伯格三角形（harberger triangle），并利用美国 73 个制造业在 1924—1928 年的平均数据，第一次估计了美国制造业因垄断而造成的年社会福利净损失为 5900 万美元，只占当期美国国民收入的 1‰。这个数据遭到了斯蒂格勒（Stigler）[2] 的质疑，他认为，哈伯格严重低估了垄断带来的社会福利损失。他指出，垄断企业的需求价格弹性不是 1，而是通常在价格弹性大于 1 的范围内生产；垄断企业的某些利益已经包含在资产的账面成本中，因而导致了报告利润的低估。后来的研究者采纳了斯蒂格勒的意见，他们研究报告中的垄断社会成本比哈伯格所说的高许多。如 D. R. 卡默申（D. R. Kamerschen）[3] 提出，1956—1961 年，因垄断而造成的年福利损失大约为国民收入的 6%。考林和米勒（K. Cowling and D. C. Mueller）[4]

---

[1]　C. Harberger, "Monopoly and Resource Allocation", *Essential Readings in Economics*, 1954, pp. 77 – 90.

[2]　George J. Stigler, "The Classification and Characteristics of Service Industries", *NBER Chapters*, *Trends in Employment in the Service Industries*, National Bureau of Economic Research, Inc. 1956.

[3]　D. R. Kamerschen, "An Estimation of the 'Welfare Losses' from Monopoly in the American Economy", *Western Economic Journal*, Vol. 4, 1966, Issue 3, pp. 221 – 236.

[4]　Keith Cowling and Dennis C. Mueller. , "The Social Costs of Monopoly Power", *The Economic Journal*, Vol. 88, No. 352, 1978, pp. 727 – 748.

计算出 1963—1966 年美国 734 个大厂商造成的年福利损失，共计约 150 亿美元，相当于公司生产总值的 13% 左右。

20 世纪 60 年代后，莱本斯坦（Leibenstein）[1] 提出了"X—非效率"理论（X—inefficiency）。莱本斯坦指出，在垄断大企业的组织内部，存在着资源配置上的低效率或无效率状态。该理论同样证明，哈伯格三角形低估了垄断的社会成本。莱本斯坦认为，哈伯格忽视了当市场从竞争结构转变为垄断结构之后，失去竞争压力的企业将会出现 X—非效率的情况，这会导致企业成本上升，产品价格上涨和产出减少，从而使社会福利成本远远大于哈伯格三角形。罗杰·弗朗茨[2]承袭莱本斯坦的观点，认为垄断企业的成本要高于完全竞争企业的生产成本。代表垄断力量的成本，不是市场配置低效率，而是一种企业内部低效率，即莱本斯坦型 X—非效率。在探讨为什么既定的投入没有转化为有效率的产出时，弗朗茨援引莱本斯坦的说法：劳动合同的不完整、生产函数不完全确定或已知、生产要素的不完全市场化以及企业彼此的仿效是此种低效率的原因。弗朗茨认为垄断力量使企业成员不再受到竞争的压力。范里安（H·Varian）[3] 也认为，竞争使厂商在价格等于边际成本的点上经营，而垄断则允许厂商在价格高于边际成本的地方经营。垄断使市场的价格提高，而产量则会比较低。

不过也有学者对垄断会降低资源配置效率的观点持反对意见。他们认为，主流经济学的观点存在较大的局限性和缺陷。首先，主流经济学所依据的完全竞争结构在现实生活中就是不存在的，以此作为对垄断效率的评价依据本身就是不成立的。其次，不同企业的生产成本本身就是不一样的，垄断企业由于存在着规模经济，经过市场的竞争逐渐形成的垄断，是在科技进步和优胜劣汰过程中资金积累和集中的必然产物，必然会促进资源配置效率的提高，而垄断经济所产生的规模经济、范围经

---

① Harvey Leibenstein, "Allocative Efficiency vs. 'X-Efficiency'", *The American Economic Review*, Vol. 56, No. 3, 1966, pp. 392 –415.

② ［美］罗杰·弗朗茨：《X 效率：理论、论据和应用》，费方域等译，上海译文出版社 1993 年版。

③ Hal R. Varian, "Goodness-of-fit in Optimizing Models", *Journal of Econometrics*, 1990, (46), pp. 125 – 140.

济等现象就是垄断对资源配置效率提升的很好例证，其生产成本会低于众多中小企业。此外，在当今社会中，价格在市场竞争中的地位正在降低，品牌、质量、服务等非价格竞争要素的影响逐渐增强，仅考虑垄断对价格的影响是有缺陷的。谢勒和罗斯（F. M. Scherer and David Ross）[1]、阿诺德·哈伯格（Arnold Harberger）[2] 等人的研究均表明，垄断所导致的福利损失均较低，大约占国民生产总值的 0.5%—2%。而保罗·萨缪尔森（Paul A. Samuelson）、威廉·诺德豪斯（William D. Nord haus）[3] 则认为，经济垄断导致的效率损失可能存在重复计算的现象，被夸大了。但是对于行政性垄断，研究普遍认为，其会导致资源配置效率的低下，产生较大的效率损失。

在中国，很多学者从多个方面对市场结构（或垄断）对资源配置效率的影响进行了研究。杜传忠[4]认为，把垄断与经济的低效率简单等同起来是不正确的。从基本表现形式看，垄断可主要分为经济性垄断和行政性垄断。经济性垄断是市场经济条件下市场竞争、技术进步和规模经济发展的必然结果，在西方国家的垄断形式中占主导地位，对它们的效率情况应进行具体分析，不能一概视为低效率。而行政性垄断本质上是一种体制现象，它是依赖政府部门的行政权力建立起来，并通过行政手段来实现的一种垄断形式，各种形式的行政性垄断均具有明显的超经济强制性，它破坏了市场竞争秩序，违背了市场的自由和平等竞争原则，造成政府与企业的角色错位，

---

① F. M. Scherer, David Ross. , "Industrial Market Structure and Performance", Houghton Mifflin, c1990.

② Arnold C. Harberger. , "Three Basic Postulates for Applied Welfare Economics: An Interpretive Essay, T. Cowen, Economic Welfare", *Elgar Reference Collection*, *Critical Ideas in Economics*, Vol. 3. Cheltenham, U. K. and Northampton, Mass. : Elgar; distributed by American International Distribution Corporation Williston Vt. , 2000, pp. 26 – 38.

③ ［美］保罗·A. 萨缪尔森、［美］威廉·D. 诺德豪斯：《宏观经济学（第 16 版）》，萧琛等译，华夏出版社 1999 年版。

④ 杜传忠：《对垄断及其效率的再认识——兼论我国〈反垄断法〉实施的目标取向》，《中州学刊》2008 年第 6 期。

进而导致了经济的低效率。于良春和张伟①对中国电力、电信、石油及铁路四个典型的行政性垄断行业中行政性垄断的强度进行了实际的测算，对行政性垄断所导致的资源配置效率降低的程度进行了估算。其分析结果显示，行业性行政性垄断在各个层面上均造成了较大的效率损失，而消除行政性垄断，促进产业内竞争，对于提高产业效率，促进经济增长具有重要意义。张晨和张宇②对中国竞争性和垄断性国有企业的经营效益分别进行了研究，研究成果表明，在竞争性行业中，国有工业企业与非国有工业企业在财务效率和技术效率上均不存在显著差异；在垄断行业中，国有工业企业具有较高的技术效率，并不断保持着较快的技术进步速率。刘艳婷③也同样认为在目标市场结构选择和反垄断法的完善中，均需要充分考虑经济性垄断寡占市场结构的效率性，在积极打破行政性垄断、遏制垄断结构非效率性一面的同时，促成必要的经济性垄断结构与适度的市场集中，充分发挥其效率性的一面。邓俊荣和王林雪④则从网络经济时代背景入手，对垄断及其效率问题进行了分析。他们认为，在网络经济领域已经出现了垄断与竞争双双强化的态势，最终形成了寡头垄断的市场结构，但是这种结构是一种寡头竞争均衡，而不是寡头之间的合谋形成的均衡。因而增加了资源的配置效率，有利于技术的创新，而且会大大增加消费者剩余。

　　同时，国内的很多学者还选取了银行业等垄断较为严重的产业，研究了这些产业的垄断对经济绩效产生的影响。但是他们的研究成果显示，在银行业这类产业中，市场集中度与经济效率之间不存在必然的相关性，"有效结构"假说在银行业并不成立。赵旭等⑤以中国15家商业银行1994—1998年的数据为基础，以资产收益率、资本收益率作为因变量，以市场份额和赫芬达尔指数代表市场结构，

---

①　于良春、张伟：《中国行业性行政垄断的强度与效率损失研究》，《经济研究》2010年第3期。

②　张晨、张宇：《国有企业是低效率的吗》，《经济学家》2011年第2期。

③　刘艳婷：《关于垄断寡占市场结构效率性的思考》，《商业研究》2012年第8期。

④　邓俊荣、王林雪：《网络经济、寡头垄断效率与中国产业组织调整》，《生产力研究》2006年第3期。

⑤　赵旭等：《中国银行业市场结构与绩效实证研究》，《金融研究》2001年第3期。

运用 DEA 方法测算了综合效率值，选择存款市场增长率、市场规模、贷款占资产的比率、资产与资本比率作为控制变量，研究了我国银行业市场结构与市场绩效之间的关系。结果显示，影响银行绩效的重要决定因素是银行的效率，效率的提高有助于银行绩效的改善；而市场份额、市场集中度与利润率呈负相关，但作用不明显，主要原因是国有银行的巨大规模，形成较高的市场集中度，是来自传统的体制，而非效率的结果，不能保证效率的提高。贺春临①以 14 家商业银行 1995—2002 年的数据为基础，对中国银行业的市场结构与绩效表现之间的相关性进行了研究，通过实证分析，得出结论：我国银行业独有的现象是高度垄断的市场结构与国有商业银行绩效低下并存。因此，应扶持发展中小型股份制商业银行，进行业务联合和重组，并不断完善法律、法规。李百吉②对中国商业银行的结构与效率的研究也表明，"效率结构假说" 在我国银行业仍旧不成立。齐树天③采用随机边界方法（SFA）对中国 16 家商业银行 1994—2005 年的成本效率的规模效率情况进行了测度，并以固定效应模型对关于银行绩效与市场结构关系的一些传统假说进行了检验，其研究结果同样证明，在我国，银行绩效与市场集中度之间不存在明显的相关性。

三　关于垄断与产品质量和品种的相关研究

关于垄断与产品质量的研究成果不多，已有的研究成果表明，经济垄断对产品质量的提高具有正向的推动作用。根据西方经济学经典文献，其原因主要包括以下三种情况：第一，认为在市场垄断程度较高的条件下，寡头博弈会使生产者选择生产高质量产品，这是因为高质量产品会带来高利润，但在很多这样的模型中，假设了提高产品质量的成本

---

① 贺春临：《我国银行业的市场结构与绩效研究》，《经济评论》2004 年第 6 期。

② 李百吉：《我国商业银行结构、效率与绩效关系研究》，《中央财经大学学报》2008 年第 11 期。

③ 齐树天：《商业银行绩效、效率与市场结构——基于中国 1994—2005 年的面板数据》，《国际金融研究》2008 年第 3 期。

为零,如谢克德(Shaked)和苏顿(Sutton)[1]、梯若尔(Tirole)[2]、崔(Choi)和信(Shin)[3] 以及多莱菲尔德和韦伯(Donnenfeld and Weber)[4],或者很小并且是递减的谢克德和苏顿(Shaked and Sutton)[5]。但是这样的假设条件与现实情况差距太大,于是在 20 世纪 90 年代以后出现了成本递增情况下的质量策略选择研究,如罗内蒙(Ronnen)[6]、莫塔(Motta)[7]、博姆(Boom)[8]、乌尔金希·莱曼·格鲁比(Ulrich Lehmann-Grube)[9] 等,其中乌尔金希·莱曼·格鲁比讨论了高质量优势对质量选择的影响。其基本模型是两个企业两阶段的博弈模型,他假设了质量的成本函数是凸的并且质量成本是沉没成本,即质量的成本独立于产出。他证明了在这样的情况下,无论两个企业同时行动还是先后行动,纯策略均衡都是选择高质量商品。

第二,从 R&D 投资回报方面讨论企业产品质量决策问题的,其主要的观点是:提高产品质量可以增加需求,R&D 投资可以提高产品质量,在不同的竞争环境下,R&D 投资的回报不同,对企业的产品质量决策也产生不同的激励。在最初的一些讨论中谢勒(Scherer)[10];卡门

[1]　A. Shaked and J. Sutton, "Relaxing Price Competition through Product Differentiation", *Review of Economic Studies*, 1982, 49, pp. 3 – 13.

[2]　J. Tirole, "The Theory of Industrial Organization, Cambridge", *MA*, MIT Press, 1988.

[3]　C. J. Choi and H. S. Skin, "A Comment on A Model of Vertical Product Differentiation", *Journal of Industrial Economics*, 1992, 40 (2).

[4]　S. Donnenfeld and S. Weber, "Limit Qualities and Entry Deterrence", *The RAND Journal of Economics* 1995, 26 (1), pp. 113 – 130.

[5]　A. Shaked and J. Sutton, "Natural Oligopolies", *Econometrica*, 1983, 51, pp. 83 – 1469.

[6]　U. Ronnen, "Minimum Quality Standards, Fixed Costs, and Competition", *Rand Journal of Economics*, 1991, 22 (22), pp. 490 – 504.

[7]　M. Motta, "Endogenous Quality Choice: Price vs. Quantity Competition", *Journal of Industrial Economics*, *Wiley Blackwell*, 1993, 41 (2), pp. 113 – 131.

[8]　Boom, A., "Asymmetric International Minimum Quality Standards and Vertical Differentiation", *Journal of Industrial Economics*, 1995, 43 (1).

[9]　Ulrich Lehmann-Grube, "Strategic Choice of Quality When Quality Is Costly—The Persistence of the High Quality Advantage", *The RAND Journal of Economics* 1997, 28 (2), pp. 372 – 384.

[10]　Scherer, Frederic M., "Firm Size, Market Structure, Opportunity, and the Output of Patented Inventions", *The American Economic Review*, 1965, 55 (3), pp. 1097 – 1125.

和施瓦兹（Kamien and Schwartz）[1][2]；罗瑞（Loury）[3]；达斯古普塔和斯蒂格利茨（Dasgupta and Stiglitz）[4][5]，假设企业在决定长期最优的 R&D 投资时，只面对一项创新，因此忽略了每一项创新在以后时期成功的可能性。中野豪雄（Takeo Nakao）[6] 在这一点上做出了改进，他建立了动态连续时间模型来研究会持续发生的创新过程，用技术存量的概念表示过去和现在 R&D 投资的技术创新效果，假设技术存量是与产品质量水平正相关，通过比较静态分析得到了产品质量与垄断程度正相关的结论。

第三，以企业的信誉和产品质量的关系作为问题的切入点，更多地考虑生产者和消费者之间的信息不对称性。在克莱因和莱弗勒（Klein and Leffler）[7]、夏皮诺（Shapiro）[8]、迪布维克和斯巴特（Dybvif and Spatt）[9] 和冯·魏茨泽克（C. C. Von Weizsacker）[10] 等人的研究中假设商品的消费者在购买商品后，会立刻确定商品质量，而其他没有购买该商品的消费者了解到商品质量水平还会有一个时滞。那么，在这样的假

---

① Morton I. Kamien and Nancy L. Schwartz, "Patent life and R&D Rivalry", *American Economic Review*, 1974, 64 (1), pp. 183 – 187.

② Morton I. Kamien and Nancy L. Schwartz, "Potential Rivalry, Monopoly Profits, and the pace of Inventive Activity", *Review of Economic Studies*, 1978, 45, pp. 547 – 555.

③ Glenn C. Loury, "Market Structure and Innovation", *The Quarterly Journal of Economics*, 1979, 93 (3), pp. 395 – 410.

④ P. Dasgupta and J. Stiglitz, "Industrial Structure and the Nature of Innovative Activity", *Economic Journal*, Vol. 90, 1980, issue 358, pp. 266 – 93.

⑤ P. Dasgupta and J. Stiglitz, "Uncertainty, Industrial Structure, and the Speed of R&D", *Bell Journal of Economics*, 1980, 11 (1), pp. 1 – 28.

⑥ Takeo Nakao, "Profitability, Market Share, Product Quality, and Advertising in Oligopoly", *The Bell Journal of Economics*, 1983, 6, pp. 133 – 142.

⑦ B. Klein and K. B. Leffler, "The Role of Market Forces in Assuring Contractual Performance", *Journal of Political Economy*, 1981, 89 (4), pp. 615 – 641.

⑧ C. Shapiro, "Consumer Information, Product Quality, and Seller Reputation", *Bell Journal of Economics*, 1982, 13 (1), pp. 20 – 35.

⑨ P. H. Dybvig and C. S. Spatt, *Does It Pay to Maintain a Reputation? Consumer Information and Product Quality*, Mimeo, Yale University, 1983.

⑩ C. C. Von Weizsaker, "A Welfare Analysis of Barriers to Entry", *Bell Journal of Economics*, The RAND Corporation, 1980, 11 (2), pp. 399 – 420.

设条件下，得到的结论是企业不可能在长期内隐瞒商品的质量。威廉·P. 罗杰森（William P. Rogerson）[1] 认为，在实际生活中，对于一些如医生、律师、银行等提供的服务，消费者即使在消费后也只能对这种商品的质量做出很片面的和模糊的评价。因此，他对前人的模型做出了改进，他假设生产者在长期内对消费者隐瞒产品质量是可能的，消费者即便在消费后也不能完全了解产品的质量。他的结论是：企业的信誉对市场结果产生重大影响，提供高质量产品的企业拥有更多的消费者；高的固定成本导致了高产品质量均衡。而这里所说的信誉累积与固定成本高投入，此文章的阐述都与垄断具有正相关性。此外，詹姆斯·J. 安东和加里·格雷瑟（James. J. Anton and Gary Biglaiser）[2]，詹姆斯·J. 安东（James J. Anton）等[3]运用博弈论理论研究了耐用品垄断市场下的产品质量提高的无线水平模型（an infinite horizon model），表明垄断与产品质量之间存在一定的相关性。

此外，布莱恩·J. 雅各布森（Brian J. Jacobsen）[4] 则研究了连续垄断（Successive monopolies）与产品品种之间的关系，研究表明，当价值链上拥有一连串的企业，而且每个企业都具有一定的市场力量时，这些企业在价值链中市场力量的变化（即远离消费者还是靠近消费者）可以导致消费市场的细化，也就意味着产品种类的增加。

在我国，平新乔、郝朝艳[5]的计量结果也表明，经济垄断是从两方面影响产品质量的：垄断的高价格、高利润吸引企业进入，会增加假冒伪劣商品的数量；同时垄断程度越高，消费者就越容易识别出制造假冒伪劣产品的企业。因此，企业数目越少，每个企业制售假冒伪劣产品的机会成本也就越大，这就使得企业更加重视产品的信誉、声望对消费者

---

① William P. , "Rogerson, Reputation and Product Quality", *The Bell Journal of Economics*, 1983, 14, pp. 508 – 516.

② James J. Anton and Gary Biglaiser, "Compatibility, Interoperability, and Market Power in Upgrade Markets", *Economics of Innovation and New Technology*, 2010, 19, (4), pp. 373 – 385.

③ James J. Anton and G. Biglaiser, "Quality, Upgrades and Equilibrium in a Dynamic Monopoly Market", *Journal of Economic Theory*, 2013, 148, pp. 1179 – 1212.

④ Brian J. Jacobsen, "Successive Monopolies and Product Variety", *Applied Economics Letters*, *Taylor & Francis Journals*, 2012, 19 (1), pp. 67 – 71.

⑤ 平新乔、郝朝艳：《假冒伪劣与市场结构》，《经济学（季刊）》2002 年第 1 期。

的影响，从而有了提高产品质量的激励。可见，垄断程度与生产集中度的提高，有利于降低假冒伪劣率，产品质量与信誉本身的确也是一种垄断资源。中国的问题不在于这种与质量、信誉相联系的有效率的垄断，而在于那种人为的、无效率的行政性垄断所导致的不合理的高价、高利机会，这才是导致低劣产品的原因所在。

四　研究述评

目前已有的关于产业升级和垄断相关的理论及研究成果，对开展本论文的研究提供了丰富的理论支撑和案例基础。但是，现有研究也存在一定的缺陷，主要表现在以下几方面：

第一，缺少对产业升级的系统阐述和研究。目前垄断对产业发展作用的研究，主要集中在对产业的技术创新和效率影响方面，对产业升级中涉及的产品升级、产业间升级的研究较少，缺少从产业发展的角度系统考察垄断影响和作用的研究成果，而且从全球产业价值链的视角出发，研究地区产业在全球价值链地位升级的过程中，垄断的作用和影响的文献更少，同时，现有文献也缺乏垄断企业在产业价值链不同阶段升级的影响分析，这些是目前研究中的一大缺憾。

第二，在垄断对产业升级影响的理论研究方面，大多沿袭西方经济学的经典理论，具有一定的历史局限性。在信息化技术得到普遍应用，全球化进程不断深入的今天，产业的发展必然具有一些现代性特征，产业发展的动力、组织形式等都发生了很大的变化，垄断对产业发展的影响也会因此发生变化，而这些在现有成果中难以得到体现。

第三，垄断对产业升级影响的实证研究相对较少，尤其是中国的研究成果较少，大多是运用西方经济学中的一些经典理论，对垄断作用进行模型分析或定性描述，缺乏说服力。而且在现有实证研究成果中，大多是对产业升级中某一方面的研究，缺少综合性的实证研究成果，也难以全面反映垄断对中国产业升级的整体状况的影响。

第三章

世界产业升级的趋势及中国
产业升级的演进分析

第一节　世界产业发展的主要
特征及未来趋势

一　当今世界产业发展的主要特征

在不同的经济发展阶段，产业发展都会呈现出不同的特点。进入21世纪以后，随着世界专业化分工程度的不断加深，以及世界经济一体化程度的不断增强，在产业发展的过程中也呈现出一些新的特征。

1. 三次产业之间的融合化特征

20世纪70年代以来，随着以信息技术为核心的高新技术在各个产业的广泛应用，基于工业经济时期大规模生产分工所形成的产业边界开始逐渐模糊或消失，不同产业相互同和，并在原有的产业边界处发展形成新的产业业态，而且迅速成为产业发展中的最具活力的领域和部门，推动了全球经济的快速发展。这一现象被称为产业融合，是当今产业发展中最为突出、影响最为深远的一个新趋势，它导致了社会经济的深刻变化，堪称"革命性"的产业创新。

产业融合现象最初出现在服务业领域，随后逐步向制造业和农业渗透扩展，产业融合的出现使传统的产业界限变得模糊，同时也使原本建立在明确产业分工基础上的传统产业经济、产业发展政策以及产业监管措施等面临新的挑战。日本经济学家植草益认为，产业融合是指从前分属于不同类型的两个产业，因其中一方或者双方的技术进步，能够供给可以相互替代的产品与服务，或者是因规制缓和，可以比较容易地相互进入对方的经营领域，从前的两个产业融合为一个产业，从前分属于两个产业的企业之间形成竞争关系。[1] 林德（Lind）认为融合是分离的市场间的一种汇合和合并，是跨市场和产业边界进入壁垒的消除。[2] 中国学者周振华则认为，产业融合是在工业经济时代高度产业分工的基础上发展起来的，是以产业部门日益细化、产业关联复杂化、部门间交易规模庞大且交易量大增为前提条件的，并对在此基础上形成的产业固定化边界进行一定程度调整的结果。这种调整打破了各种产业边界，导致产业之间更多地相互渗透与融合，并使与买卖双方密切相关的市场区域的概念已转变为市场空间的概念。[3]

产业融合现象的出现，对世界产业发展产生了极为深远的影响，概括起来主要包括以下几个方面：

第一，影响产业结构调整的历程。产业融合使产业结构的调整发生了根本性的变革。产业融合现象的出现，改变了传统产业分类下的线性替代的演进发展路径，导致了多元化的产业替代现象的出现，而且使不同产业之间的劳动生产率发展差距大幅缩小，这是因为，基于信息技术发展起来的产业融合现象，其融合的基础是信息技术在各产业部门的广泛运用，以及信息资源数字化、信息实现手段统一化以及信息传输平台一致化的结果，是信息技术不断发展后，不同产业部门的信息技术融合发展的结果。[4] 由于不同产业均基于信息技术的使用来促进自身的技术创新，因而各产业部门的技术进步周期就会逐渐趋同，其技术进步速率的差距也会逐渐缩小。同时，在各个产业部门，信息技术与专用技术的结合，也会在一定程度上影响和改变其专用技术的生命周期及其阶段性，这就意味着导致产业增长减慢的技术因素被削弱了，从而延缓和减轻了技术进步速率下降的程度。

---

① ［日］植草益：《产业融合——产业组织的新方向》，岩波书店 2000 年版，第 19 页。

② Lind J. , Ubiquitous Convergence: Market Redefinitions Generated by Technological Change and the Industry Life Cycle, *Paper for the DRUID*, Academy, Winter 2005 Conference, 2005.

③ 参见周振华《产业融合拓展化：主导因素及基础条件分析》，《社会科学》2003 年第 3 期。

④ ［美］萨尔坦·科马里：《信息时代的经济学》，江苏人民出版社 2000 年版，第 99—104 页。

　　第二，改变传统的产业分类体系。在传统的产业分类体系下，由于不同产业之间采用的技术和生产要素具有明显的差异性，所提供的产品和服务业也因此形成了明确的界限，因此，不同产业之间的边界十分清晰，处于不同产业内部的企业也很少会越过产业的边界，从事其他产业的活动。但是，产业融合现象的出现，打破了传统的产业分类体系，影响和改变了传统的产业体系分类标准。这种影响主要体现在两个方面：一方面，随着技术对传统产业的渗透，原有的产业边界逐渐收缩、模糊，甚至消失。信息技术的广泛渗透，使一些产业的核心技术和核心要素发生了改变，信息越来越成为决定企业竞争力高低的核心要素，而不同产业的技术方案也越来越依赖于信息技术的使用及其创新的产生，换句话说，就是不同产业的生产要素与技术平台发生了融合。同时产业的融合还伴随着业务与服务融合、终端或服务界面、市场的融合等。[①] 在不同产业多层面相互融合的影响下，原有的产业技术边界、要素边界、业务边界、市场边界等逐渐模糊，甚至出现原有的产业边界逐渐消失的现象。另一方面，则是在不同产业的交界处，一些新的产品或服务项目不断涌现，新的产业形态逐渐涌现。信息技术的渗透和发展，虽然使不同产业之间的界限逐渐模糊，但是，由于不同产业发展所依赖的核心要素、主导技术等逐渐趋同，使不同产业之间的跨界发展成为可能，不同产业之间的业务相互渗透、融合，从而在不同产业之间的交叉处出现了新的产业形态，以及新的产品或服务项目，如电子商务与金融业的融合，促进了以网络银行、网络证券、网络保险等为标志的电子金融业的兴起；电信与出版行业的融合，催生了电子图书、电子报刊等新产品的出现；而农业与旅游业的融合发展，则导致了农业旅游、观光农业等新兴业态的出现。美国学者格林斯坦（Greenstein）和迦拿（Khanna）将产业融合区分为"替代性融合"和"互补性融合"[②]，这其中的互补性融合，就是通过不同产业之间的相互融合发展，生产出比以前更好的产品和服务，这些产品和服务往往属于新的产品和服务，能够弥补传统产业分类

[①]　严奇春：《知识创新视角下的产业融合分析》，《科技进步与对策》2013 年第 3 期。

[②]　Greenstein S. , and T. Khanna. , *What Does Industry Convergence Mean? In Competing in the Age of Digital Convergence*, Boston：Harvard Business School Press, 1997, pp. 201 – 226.

下无法满足的消费需求，也因此可能催生出新的产业门类。而新的产品或服务，以及新的产业形态最容易在互补性、交叉性的产业空间出现。

第三，改变传统的产业组织方式。有学者指出，技术创新为产业融合提供了内在动力，经济管制的放松为产业融合创造了外部的环境，合作竞争的理念创新使产业融合成为可能，但是，如果没有包含知识产权的具有通用界面标准的模块载体，仍不能真正地实现更大范围内的产业融合。① 产业融合是模块化组织模式产生的原因，但是又在模块化的组织模式下得以强化和深入。产业融合的发展使原有的产业边界逐渐消失，建立在传统工业化时期的产业链被逐渐打破，各产业部门开始相互介入，企业之间的垂直分工体系逐渐弱化，相互之间的水平分工成为产业分工的主流。在信息技术平台的基础上，企业间的联系主要通过网络进行，这对"模块化"的产业合作方式提出了要求。在模块化组织方式之下，企业成为一个个具有半自律性的子系统，② 在遵循共同界面标准的情况下，"背对背"地独立进行功能的设计和研发③。而且，由于模块化供应商的工作是在"背对背"的情况下独立完成的，因而虽然会造成相互之间研发上的重复和对资源的浪费，但是，却可以促进市场竞争④，使熊彼特"创造性毁灭"的机理得到最大限度地发挥。在模块化组织模式的推动下，不同产业部门把各自的价值链分解成一个个相对独立的模块化系统，而原本处于不同价值链体系下的模块，则可能因为拥有同样的功能，而成为不同价值链体系中的共有模块，这样，基于不同模块的功能性划分，产业原有的价值链体系被逐渐打破，不同的产业

---

① 朱瑞博：《价值模块整合与产业融合》，《中国工业经济》2003 年第 8 期。

② ［日］青木昌彦、安藤晴彦：《模块化时代：新产业结构的本质》，上海远东出版社 2003 年版，第 10 页。

③ 胡晓鹏：《从分工到模块化：经济系统调整的思考》，《中国工业经济》2004 年第 9 期。

④ 有学者认为在模块化的组织模式下，"背对背"的竞争会造成重复开发等方面的资源浪费，但是也有人指出，这种浪费是值得的。一方面，独立的同种功能模块的研发能够预留几个选择的余地来对付未来的不确定性，另一方面，分工水平的上升会导致竞争程度的下降，但是模块化却能产生白热化的"淘汰赛"效果。请参见朱瑞博《价值模块整合与产业融合》，《中国工业经济》2003 年第 8 期；胡晓鹏《从分工到模块化：经济系统调整的思考》，《中国工业经济》2004 年第 9 期。

部门可以基于共同的功能性模块形成新的产业关系，这为产业的融合性发展创造了条件，从而推动了产业融合步伐的加快。

2. 产业发展的服务化特征

随着国民收入水平的不断提高，劳动力会逐渐沿着第一产业——第二产业——第三产业的趋势转移，相应地，各产业在地区经济总量中的比重也会呈现同样的发展趋势，即第一产业比重不断降低，第二产业比重先上升后下降，第三产业比重不断上升并超过第二产业的调整历程。这一发展规律已经被世界工业化进程的实践所证实。目前，随着世界经济发展阶段的不断提高，全球产业的服务化趋势愈加明显，第三产业在世界产业结构中的比重逐渐升高，世界产业结构不断趋于软化。

根据世界银行的统计数据，20世纪90年代，世界经济就已经进入了服务经济阶段（服务业在经济总量中的比重超过60%），目前全球服务业占GDP中的比重已经达到70%左右，2016年最高达到71.5%，但近两年服务业占GDP中的比重有所下降，2018年仅为68.2%（如图3—1所示）。发达国家的经济服务化趋势更为明显，美国在20世纪60年代就进入了服务经济阶段，随后英国、德国、日本等国相继在20世纪80年代中期、80年代末期和90年代初期进入了服务经济阶段。据世界银行的统计，2018年德国、英国、法国和日本的服务业比重分别为71.7%、81.9%、81.3%和69.7%，美国2017年服务业比重为80.9%。而且从统计数据上看，不仅高收入国家的服务业在国民经济中的比重不断上升，中等收入国家和低收入国家的服务业所占比重也呈上升态势，2008年与2000年相比，除中等偏上收入国家外，服务业的比重在不同类型国家和地区都出现了一定幅度的上升，其中中等偏下收入国家服务业比重的变化幅度最大，2000—2018年增长了13.7%，中等收入国家和中低收入国家的服务业比重变化幅度也较大，均达到7.0%，高收入国家增加了6.0%，低收入国家的服务业比重增长较少，但也达到了5.4%（如表3—1所示）。而在一些世界先进城市，服务业在国民经济中的比重更高，东京2008年第三产业增加值占地区生产总值的比重为84.9%，伦敦2009年达到

91.0%，纽约都市区 2010 年为 92.7%①。可以说，服务业的发达程度已经成为衡量一个国家和地区经济地位的重要标志。

(%)

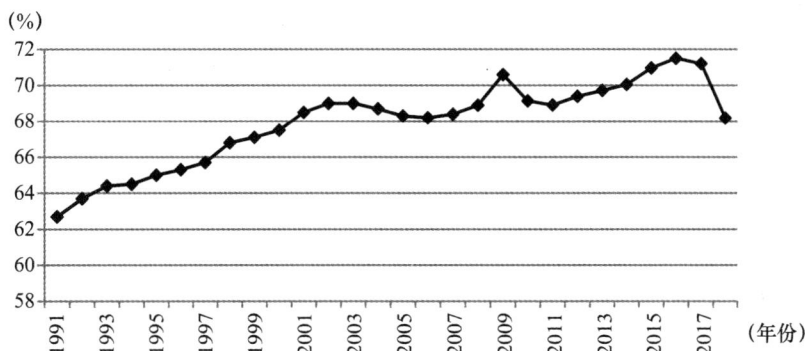

图 3—1　1991—2018 年全球服务业占国民经济比重的变化情况

资料来源：世界银行 WDI 数据库。

表 3—1　　　　　　　世界不同国家和地区服务业比重变化情况　　　　单位：%

产业	第一产业			第二产业			第三产业		
时间	2000	2018	比重变化	2000	2018	比重变化	2000	2018	比重变化
世界	3.6	4.0	0.4	29.1	27.8	−1.3	67.2	68.2	1.0
高收入国家	1.9	1.3	−0.6	27.9	22.7	−5.2	70	76.0	6.0
中等收入国家	11.3	7.8	−3.5	35.6	32.1	−3.5	53.1	60.1	7.0
中等偏上收入国家	6.5	6.0	−0.5	32.2	33.2	1.0	61.3	60.8	−0.5
中等偏下收入国家	17.1	15.0	−2.1	39.5	27.9	−11.6	43.4	57.1	13.7
中低收入国家	12	8.1	−3.9	35.1	32.0	−3.1	52.9	59.9	7.0
低收入国家	34.5	23.3	−11.2	21	26.8	5.8	44.5	49.9	5.4

资料来源：世界银行 WDI 数据库。

———————————

① 郑晓光：《世界城市产业结构比较及对北京的启示》，《中国国情国力》2012 年第 11 期。

在服务业占世界国民经济比重不断提升的同时，服务业也逐渐成为世界进出口贸易和产业投资的热点。据世界贸易组织统计，2005—2018年，全球服务进出口总额从 4.9 万亿美元增长到 11.6 万亿美元，年均增长 6.9%。而服务业跨国投资占全球投资总额的比重已经接近 2/3①。服务贸易在全球国民生产总值的比重也在逐渐增高，虽然受世界金融危机的影响，在 2008 年后出现了一定程度的下降，但随后逐年上升，到2018 年已经达到 13.4%"（如图 3—2 所示）。

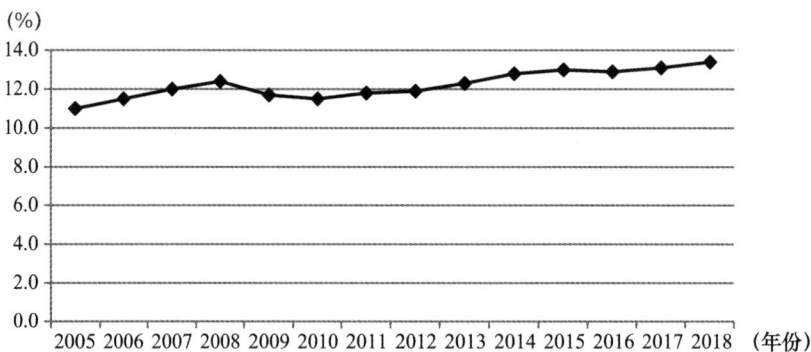

图 3—2　服务贸易额占全球国民生产总值的比重变化情况

资料来源：世界银行 WDI 数据库。

世界产业发展的服务化趋势是世界需求结构变化以及技术创新带来的服务供给能力提升共同作用的结果。从需求方面看，服务业需求的快速增加是导致服务业发展迅速的根本原因。一方面，随着经济发展水平和居民生活水平的提高，人们对服务业的消费需求不断增加，需求的层次也不断提高；另一方面，随着经济专业化分工的不断深入，生产组织变得越来越精巧和个性化，部分服务业从原来的生产环节中逐渐分离出来，成为单独的行业，而生产性企业出于提高核心竞争力的需要，也倾向于将一些不具有竞争优势的服务环节交给专业企业，使自身能够更专注于核心产品的生产、质量的改进和效率的提高等，这导致了生产环节对服务业需求的增加，使服务业在农业和制造业中得到广泛应用，服务

① http://finance.people.com.cn/GB/70846/17754163.html.

业也成为提高农业和制造业附加价值和科技含量的重要组成部分。从供给方面看，世界科学技术的进步为提供更加高质量、高效率的服务创造了条件。高新技术的应用改变了传统服务业原有的服务方式、服务内容和服务理念，互联网等高新技术在服务业领域的广泛应用，使服务业，尤其是生产性服务业的成本大大降低，服务产品生产和提供的规模化成为可能。同时，在信息技术的推动下，一些以信息技术等为支撑的新兴服务业不断涌现，通过采用高科技手段，向顾客提供更加知识化、专业化、更能符合多元需求的产品，成为服务业中新的增长点，服务业已逐渐演变成为具有更多创新理念，采用高科技手段，提供大量知识型中间产品和服务的知识型服务业。

3. 产业发展的科技化特征

随着互联网等产业的迅速发展，世界产业的发展越来越呈现出科技化的特征。从世界产业发展的演进历程看，劳动、土地等生产要素对经济的贡献度逐渐降低，而知识、技术、教育等生产要素在经济发展中的重要性及贡献度不断加大，高科技化成为世界产业发展过程中不可逆转的重要趋势。美国经济学家罗伯特·索罗和爱德华·丹尼森对美国1949—1984年的经济增长要素的贡献进行了研究，结果发现资本和劳动力投入的贡献只占44%，科技和教育的贡献占66%；日本对1952—1961年的经济增长情况也进行了类似的核算，同样发现，技术在经济增长中的贡献占66.6%。随着知识在经济中的作用不断增大，知识型产业占GDP的比重日益提高。据经济与合作组织（OECD）统计，该组织成员国1985年知识型产业的产值占GDP的比重为45%，到1996年这一比例已上升至50%以上。[①] 2003—2009年，大多数OECD国家中的R&D投入占GDP的百分比都呈现上升的趋势。以色列的R&D投入占GDP的比重已经达到4%以上。2010年以后，受经济发展下滑的影响，部分国家R&D投入占GDP的比重出现了一定程度的下降，但从28个欧元区国家以及OECD国家的R&D投入占GDP的平均比重看，仍略有上升，到2018年分别达到2.03%和2.38%（如表3—2所示）。

---

① OECD, *Science, Technology and Industry Outlook*, Paris: OECD, 1996.

表 3—2　　　　　　　OECD 国家 R&D 投入占 GDP 的比重　　　　单位：%

国家	2003	2005	2010	2014	2015	2016	2017	2018
澳大利亚	—	—	2.19	—	1.88	—	1.79	—
奥地利	2.24	2.46	2.80	3.08	3.05	3.12	3.05	3.14
比利时	1.87	1.83	2.10	2.31	2.43	2.52	2.66	2.68
加拿大	1.99	1.99	1.82	1.71	1.69	1.73	1.61	1.56
智利	—	—	0.33	0.38	0.38	0.37	0.36	0.35
捷克共和国	1.20	1.22	1.40	1.97	1.93	1.68	1.79	1.93
丹麦	2.58	2.46	3.00	2.91	3.06	3.09	3.05	3.03
爱沙尼亚	0.77	0.93	1.62	1.42	1.46	1.25	1.28	1.40
芬兰	3.44	3.48	3.90	3.15	2.87	2.72	2.73	2.76
法国	2.18	2.11	2.24	2.28	2.27	2.22	2.20	2.19
德国	2.54	2.51	2.80	2.88	2.93	2.94	3.07	3.13
希腊	0.57	0.60	0.60	0.83	0.96	0.99	1.13	1.18
匈牙利	0.93	0.95	1.17	1.35	1.35	1.19	1.33	1.53
冰岛	2.82	2.77	—	1.95	2.20	2.13	2.11	2.04
爱尔兰	1.16	1.25	1.69	1.52	1.18	1.17	1.24	1.0
以色列	4.01	4.15	3.97	4.17	4.27	4.51	4.82	4.94
意大利	1.11	1.09	1.26	1.34	1.34	1.37	1.37	1.43
日本	3.14	3.31	3.25	3.4	3.28	3.16	3.21	3.28
韩国	2.49	2.79	3.74	4.08	3.98	3.99	4.29	4.53
卢森堡	1.65	1.56	1.51	1.26	1.30	1.30	1.27	1.21
墨西哥	0.39	0.40	0.45	0.44	0.43	0.39	0.33	0.31
荷兰	1.92	1.90	1.86	1.98	1.99	2.0	1.98	2.16
新西兰	1.16	1.13	—	—	1.23	—	1.35	—
挪威	1.71	1.51	1.68	1.72	1.94	2.05	2.10	2.06
波兰	0.54	0.57	0.74	0.94	1.0	0.96	1.03	1.21
葡萄牙	0.71	0.78	1.59	1.29	1.24	1.28	1.32	1.36
斯洛伐克共和国	0.57	0.51	0.63	0.88	1.16	0.79	0.89	0.84
斯洛文尼亚	1.27	1.44	2.10	2.37	2.20	2.01	1.87	1.95
西班牙	1.05	1.12	1.40	1.24	1.22	1.19	1.21	1.24
瑞典	3.80	3.56	3.39	3.10	3.22	3.25	3.36	3.21

续表

国家	2003	2005	2010	2014	2015	2016	2017	2018
瑞士	—	—	—	—	3.37	—	3.29	—
土耳其	0.48	0.59	0.84	0.86	0.88	0.94	0.96	1.03
英国	1.73	1.70	1.77	1.64	1.65	1.66	1.68	1.73
美国	2.55	2.51	2.74	2.72	2.72	2.76	2.81	2.83
EU28	1.75	1.75	1.91	1.94	1.95	1.94	1.98	2.03
OECD 总计[1]	2.27	2.39	2.91	2.32	2.31	2.30	2.34	2.38

注：表中数据空缺为数据无法获得。

资料来源：OECD 数据库。

科技投入的增多，刺激了世界高新技术的发展，一方面，带动了新产业的不断涌现；另一方面，随着高新技术向传统产业的不断渗透，传统产业的技术改造不断加快，也提高了传统产业的科技含量。随着科技创新的不断加快，信息技术、生物技术、新材料技术、大数据技术、云计算技术、3D 打印技术等一批高新技术及其产业脱颖而出，并逐渐发展成为经济的新增长点，这些高新技术的发展提高了传统产业的生产效率，同时改变着传统的经济发展模式，使全球产业向网络化、个性化、服务化、生态化的方向发展，它们不仅推动着世界产业结构向高科技化的方向发展，而且对整个世界的经济社会发展产生了极为深远的影响。

2007 年年底开始的世界金融危机对全世界的经济发展造成巨大的冲击，但是世界科技发展的历史也表明，每一次重大的经济危机时期，都会诞生出一些重大的科技创新成果，而这些重大的科技成果也往往会成为推动世界经济走向复苏与繁荣的动力和源泉。当前以电子、航空航天和核能为标志的第三次技术革命，就是建立在 20 世纪 30 年代大萧条前后问世的科学成果基础之上的。之所以出现这样的现象，一方面是因为金融危机爆发后，生存下来的企业一般都是拥有较强的技术创新能力，具有较强竞争力的企业，各个国家也都会在经济危机时期，加快产业结构的调整和优化升级，促进以新技术应用为载体的新兴产业的发展；另一方面，为了应对经济危机，促进经济的发展，企业就会寻求新的经济增长点，发展新兴产业。一般来讲，通过运用新技术发展起来的新兴产业，具有较高的增长率和附加价值，这就会激发企业发展新科技，运用新技术成果的积极性。在此次金融危机的影响下，世界各国陆续出台了促进技术创新和新兴产业发展的战略措施。美国总统奥巴马将新能源等产业作为带动美国经济复苏的"发动机"，计划在未来10年内投入1500亿美元，用于资助风能、太阳能以及其他可再生能源的研究，逐步实现能源供给的战略转型。德国为了进一步提高工业的竞争力，应对"德国制造"自身出现的危机，提出了"工业4.0"的发展战略，以期推动德国工业向智能化、网络化的方向发展，巩固其在世界制造业中的领先地位。

面对世界科技的迅猛发展以及发达国家科技创新步伐不断加快的现状，中国也提出了加快实施"国家中长期科学和技术发展规划"以及"中国制造2025"等发展战略，明确了中国制造业重点领域的技术路线图，提出加快发展新一代信息通信技术产业、高档数控机床和机器人、航空航天装备、海洋工程装备及高技术船舶等十大重点领域，以及国家制造业创新中心建设、智能制造、工业强基、绿色制造、高端装备创新五大重点工程，推动中国产业技术创新能力和产业竞争力的提升。可以预见，在未来的若干年中，世界技术创新的步伐还将进一步加快，各个国家的技术创新能力将成为决定其全球经济地位的重要标准。

4. 产业发展的绿色化趋势

人类进入工业化时代以来，虽然创造了巨大的财富，但是也对我们的生存环境造成了难以修复的破坏，人类所处的生态环境不断恶化，能源短缺和环境的不断恶化已经威胁到了人类的生存与发展。据麦肯锡全球研究院最近对影响能源最多的经济行业的分析显示，在过去的十年中，总体能源需求每年增长1.6%，今后15年中每年将增长2.2%。如果按照世界金融危机前的增长速度，到2020年世界能源需求总量将达到633.7QBTUs，每天需要石油1.127亿桶（如图3—3所示）。世界能源理事会发表的能源政策报告指出，到2050年全球能源需求将增加1倍。如何在发展的同时减少对环境的破坏和对资源的巨大消耗成为摆在人类面前的一个亟待解决的难题。正是基于这样的发展认识，产业的绿色化发展逐渐成为人们关注的重点，并得到了越来越多的国家和人们的认同。

千万亿英制热量单位.QBTUs

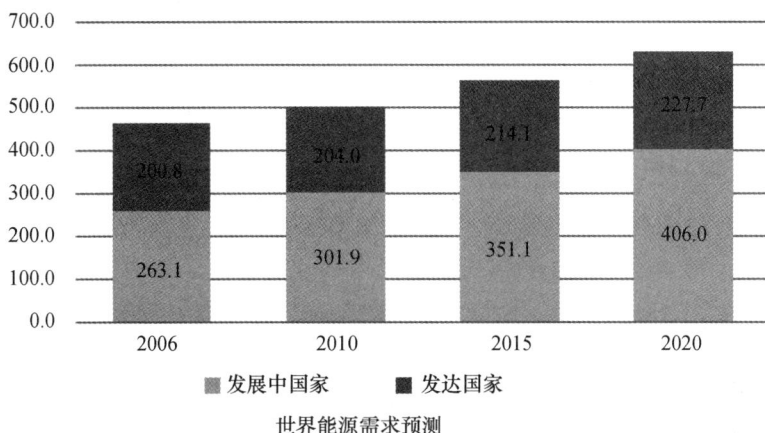

世界能源需求预测

每天百万桶

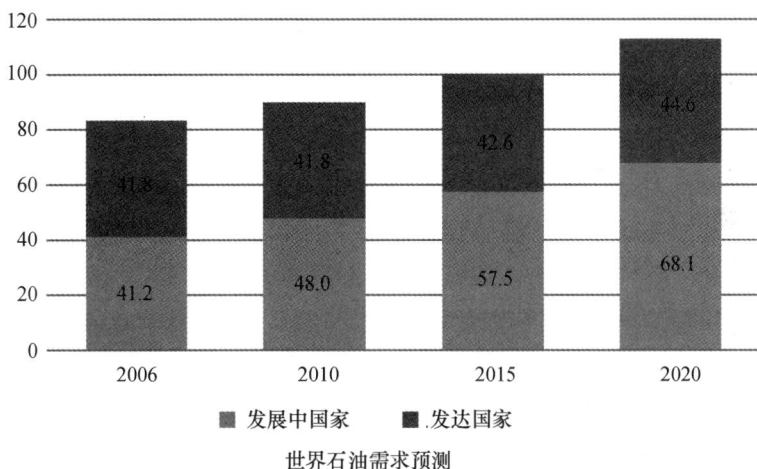

世界石油需求预测

图3—3　世界能源和石油需求预测

资料来源：麦肯锡研究院。

产业绿色化的概念最早是由美国学者艾尔斯（R. U. Ayres）提出的，1989 年，弗罗施奇（Frosch）与加洛波罗斯（Gallopoulos）在《科学美国人》杂志上发表了《可持续工业发展战略》一文，提出了"产业生态学"的概念，引起学术界的广泛关注。关于产业生态化的概念目前尚未专门的定义。郭守前认为，产业生态化是一个系统化的过程，是对生产、分配、流通、消费以及再生产等各个环节进行合理优化耦合，实现全过程生态化，从而建立高效、低耗、低污染、经济增长与生态环境和谐的全新产业生态体系。① 陈柳钦则认为，产业生态化是指产业自然生态有机循环机理，在自然系统承载能力内，对特定地域空间内产业系统、自然系统与社会系统之间进行耦合优化，达到充分利用资源，消除环境破坏，协调自然、社会与经济的持续发展。② 厉无畏等学者则指出，产业生态化的目的，在于提高有限资源的利用效率，减少排放，减少对生态环境的影响和破坏，从而提高经济发展的规模和质量，并实现经济发展与自然生态环境的和谐和可持续发展。③ 由此可以看出，产业生态化虽然在概念上尚未统一，但是其核心内涵是一致的，即促进经济增长与生态环境之间的和谐发展，尽可能地充分利用资源，提高能源利用效率，减少对生态环境的破坏。其实现路径主要包括以下几方面：

第一，通过清洁生产实现产业的生态化发展。与传统的环境污染末端治理不同，清洁生产是从生产环节就开始减轻对环境的破坏，减少对资源的消耗，因此是一种积极的应对措施。清洁生产通过使用清洁的能源和原料，采用先进的工艺技术与设备，加大节能环保的技术改造力度，优化管理流程等，从源头上减少污染，提高对资源的综合利用效率。也就是说，清洁生产是通过从源头到最终产品生产全过程中对污染物的消减，达到节能减排的目的，而不是将污染物留到最后阶段才加以处理。

第二，通过发展生态产业实现产业的生态化发展。有学者认为，生态产业是依据产业生态学原理、循环经济理论及五律协同原理组织起来的基于生态系统承载能力，并具有较高的自然、社会、经济、技术和环境五律协同的产业。④ 生态产业不仅仅是指某几个产业，而是一种高效

---

① 郭守前：《产业生态化创新的理论与实践》，《生态经济》2002 年第 4 期。

② 陈柳钦：《产业发展的集群化、融合化和生态化分析》，《华北电力大学学报》2006 年第 1 期。

③ 厉无畏、王慧敏：《产业发展的趋势研判与理性思考》，《中国工业经济》2002 年第 4 期。

④ 陈效兰：《生态产业发展探析》，《宏观经济管理》2008 年第 6 期。

的产业体系①，涵盖了所有的产业门类，是不同于传统产业体系的一种新型产业体系。这一产业体系突出了生产过程中的生态化概念，将生态环境的保护纳入生产的决策目标之中，要求各个产业从原材料—生产制造—售后服务全过程都能尽可能减少对环境的污染和破坏，同时形成无废物排放的闭路循环体系。通过发展生态产业，可以减少对环境的破坏和对能源的巨大消耗，实现产业的生态化。

第三，通过先进的管理理念、方式和方法实现产业的生态化发展。产业的生态化发展不仅仅在于生产技术和工艺上的先进，同时还需要管理方式、方法等方面的创新。产业发展对能源的巨大消耗和对环境的破坏虽然主要在于生产工艺、设备、技术等方面的制约，但是管理理念、方法和管理方式的落后也是一个重要的原因。由于管理出发点和目的的不同，传统的管理将提高产品质量、提高生产效率作为主要的关注点，而忽视了对资源的节约和对环境的保护，由此所造成的结果必然是对生产与生态环境保护之间的不协调。因此，以实现产业的生态化发展为出发点，更新管理理念、管理方法和思路，采用先进的管理手段和技术，也是促进产业生态化发展的重要路径。

二　第三次工业革命下的产业发展新趋势

基于信息化、数字化、智能化技术发展起来的第三次工业革命，催生了以信息通信产业、计算机产业、新材料、技术研发、创意设计、绿色环保产业等新兴产业的发展，促进了产业发展依赖要素的改变，也改变着产业的发展方式和空间形态等。

（一）创新产业发展范式

第三次工业革命所催生的新兴产业具有高新技术渗透广，产业技术密集程度高；产业分工不断细化，以模块化组织模式为主导；网络状产业链为主，产业间的关联度提高；资源利用效率高，产业环保性强；资金投入多，附加价值高②等特征。这些特征使产业的发展范式呈现出一

---

①　彭宗波：《生态产业的发展历程及未来趋势》，《华南热带农业大学学报》2005 年第 1 期。

②　黄南：《现代产业体系的构建与产业结构调整研究》，东南大学出版社 2011 年版，第186 页。

些新的趋势。

第一，产业组织形式的变革。以信息技术和新能源的使用为标志的新兴工业技术的发展，催生了模块化的组织方式、一体化的生产系统控制体系以及微型化的制造系统，对长期形成的机器大规模制造的生产体系产生了颠覆性的重构。大规模、批量化的生产方式正在逐渐被个性化、小众化的生产方式所替代，模块化的产业组织方式逐渐取代过去纵向一体化的层级式组织方式，越来越多的企业成为一个个可进行独立设计和半自律性的子系统（即模块），这促使企业实施"归核化"战略并专注于自身核心业务的发展。信息技术以及管理信息系统则能够把分散在不同领域和由不同主体掌握的信息联结起来，产生积累和互补效应，使产业关联从依次传递关系转变为总体集成关系，整个产业的组织关系越来越呈现出网络化的格局。产业组织方式的变革不仅改变着传统的生产方式，也促使产业的创新效率不断提升。由于每个模块都具有可独立设计的性能和半自律性，在其总体集成时就相对简单一些，从而提高了整个产业的灵活性和反应能力，大大降低了开展技术创新的成本，使产业的研发创新能力显著提高。

第二，产业创新方式的改变。出于对核心技术的关注、对专业知识的需求以及降低创新风险、应对创新等方面不确定情况等目的，越来越多的服务环节从第一产业和第二产业中剥离出来，使不同产业之间的界限逐渐模糊，产业的创新已经成为不同产业之间一体化合作的过程。在此过程中，与传统的创新方式不同，制造不再独立于创新之外，设计和研发逐渐走出单纯的实验室环境，制造也成为创新的一部分，传统的"线性"创新过程变为一体化的"并行"创新过程，制造与创新之间的互动性越来越增强，产业链的"源头创新"向"过程创新"转变已经成为创新发展的重要趋势。[①] 同时，创新的"过程化"也需要管理、营销等多个服务环节的相互配合，从而使产业的一体化创新态势不断增强。而制造系统的微型化趋势以及增材制造等新技术的出现，有效地减少了生产成本，降低了制造环节对土地和劳动力的依赖，从而为创新研

---

① 黄群慧、贺俊：《"第三次工业革命"与中国经济发展战略调整》，《中国工业经济》2013年第1期。

发等服务业与制造业的融合发展创造了条件，也为美国等发达国家继续保持制造业领域的技术领先创造了条件。

第三，产业资源利用模式的转变。在人类的长期发展中，物质资源的消耗带来了巨大的能源和环境问题，使人类的发展陷入不可持续的困境，因此，实现人类与环境的和谐相处，走绿色发展的道路已经成为当今世界各国家和地区发展的重要目标。以信息技术等高新技术为代表的第三次产业革命，为经济的绿色发展创造了条件。建立在信息技术等高新技术基础之上的新兴产业，以创意思维和技术创新为核心要素，降低了经济发展对物质资源要素的依赖程度。技术的创新带来了劳动生产率的提高，使单位资源投入的产出不断增加，也降低了对物质资源的消耗。增材技术的发展改变了生产过程中资源的利用方式，减少了生产过程中耗费的资源，也降低了对环境的破坏和影响，使产业的绿色化程度得到进一步提升。而柔性生产体系及最近兴起的可重构制造系统的发展，则提高了生产系统的可适用范围，降低了因产品升级或调整产生的生产系统损耗。同时，高新技术的发展也为人类保护、改善、整治生态环境提供了更加有效的手段和技术，可以更好地解决生产过程中的环境污染、废物排放等问题，使产业更加清洁、环保。

（二）重塑产业的空间形态

第三次工业革命及其催生下的新兴产业的发展，对产业的空间形态提出了新的要求，要求产业的空间载体随着新兴产业发展所呈现的新特征，不断调整自身的功能和布局，以适应新兴产业发展的需要。总体来讲，其影响主要表现在以下几个方面：

第一，产业空间形态的柔性化。产业空间发展的柔性化是指在产业的空间布局和空间载体的建设过程中，具有较强的灵活性、可分割性和可变性，以应对产业和企业灵活多变的需要。与传统产业技术下大规模的生产特色不同，在信息化技术的带动下，新兴产业生产的模块化趋势不断增强，企业规模更多地呈现出小型化、个性化的特点，大规模的生产厂房已难以适应新兴产业的发展需要。模块化组织模式下的企业需要其空间载体能够提供必要的共用性设施，同时便于分割和重组，使企业能够在外部环境和需求出现变化时及时进行调整。同时，在全球化不断深入的今天，资源在全球的流动速度逐渐加快，地区产业更新换代的频率也相应加快，产业空间的柔性化设计能够极大地降低"腾笼换鸟"状态下僵硬化布局所导致的成本损失，提高资金和土地使用效率，使国家或地区发展更具可持续性。基于组态势方式的制造单元（CMC）提出的可重构制造系统将能够很好地满足产业空间的柔性化需要，是对传统产业空间形态的一种创新。

第二，产业空间形态的一体化。对于传统的产业而言，不同产业的发展要素和发展模式明显不同，为了获得各个产业资源要素配置效率的最大化，各个国家或地区一般会根据不同的产业的核心生产要素进行空间布局，从而使制造业逐渐向劳动力和土地资源丰富的郊区县转移，以获得成本上的优势，而服务业则逐渐向城市中心地区集中，使服务业更加接近消费群体，以提高服务的效率和效益，由此导致了制造业与服务业之间的分离。而基于第三次工业规模发展起来的新兴产业，产业的一体化发展趋势不断增强，不同产业之间的界限逐渐模糊，三次产业之间形成了相互交叉、互动发展的格局，地理空间上的严格分割已难以适应现代产业体系发展的需要。同时在创新的一体化发展趋势下，制造业越来越成为创新过程中不可分割的重要环节，这也需要制造业与服务业能够实现在空间上的融合，通过制造业与服务业之间的互动发展增强产业的创新能力和效率。因此，实现制造业与服务业之间在空间布局上的一体化成为一种必然。

第三，产业空间形态的连通化。传统产业的增长主要来自大规模的生产和成本的降低，对原材料、资金、劳动力等生产性资源占有的多少成为决定国家或地区经济增长快慢及其地位的关键。基于第三次工业革命发展起来的新兴产业以创新为核心要素，国家或地区对外交流的主要要素是信息、知识以及基于人力资本形成的创新要素等创新性资源，在信息技术和互联网技术的发展带动下，这些资源的流动速度已经成为创新成功的关键因素。一方面，信息、知识、人力资本等资源流通的速度和渠道的多少，直接影响着国家或地区的学习效应、创新能力的大小以及创新成果的多寡；另一方面，国家或地区通过对知识、信息、人才等各种资源的汇聚、整合和重组，使资源实现价值的再造和提升，并形成新的经济流量向外扩散和传递，国家或地区也因此得以凸显自身的国际地位。为此，产业的空间布局应从虚拟空间和物理空间两方面入手，尽可能地提高创新性资源的对外连通性。尤其要注重通过对网络体系、数字化平台以及共享设施等载体的建设，促进虚拟空间连通化程度的加强（如表3—3所示）。

表3—3 传统产业体系与现代产业体系的产业空间形态对比情况

分类	柔性化		一体化		连通化	
	产业特点	空间结构	产业特点	空间结构	产业特点	空间结构
传统产业体系	大型化、规模化	难以分割和重组，不具有灵活性。	三次产业之间具有明确的产业界限；创新处于产业链的某一环节。	空间布局上彼此分离。	资源流动相对较慢，以物资、人力等物质资源交流为主。	以物理空间的连通为主。
现代产业体系	小型化、个性化	具有较强的灵活性、可分割性和可变性，便于重组，柔性化较强。	产业融合度较强；创新具有一体化趋势，由产业链的"源头创新"向"过程创新"转变。	空间布局上出现一体化趋势。	资源的流动速度加快，以知识、信息等非物质资源的交流为主。	连通性加强，虚拟空间的连通变得尤为重要。

资料来源：作者自己整理而得。

（三）新兴产业驱动下的产业功能变迁

第三次工业革命对产业发展方式及其空间形态的影响，促使产业功能出现改变，服务能力、服务效率、创新能力，以及信息资源流动的便捷程度、畅达程度和汇聚程度等成为国家和地区越来越重要的功能体现。

第一，服务功能不断强化。在企业竞争日益加剧、消费者需求多样化程度不断提升的今天，以小批量、多样化为主要特征的柔性化生产组织方式已经成为主流。柔性化生产方式需要企业及时根据消费者的需求和市场的变化进行产品的调整，企业之间采用小规模的模块化组织方式进行合作。在柔性化生产条件下，传统的竞合关系发生了显著的变化，处于产业链上的企业、部门及其内部之间的合作变得尤为重要。面对复杂多变的市场信息、日益多样的消费需求、相互交错的多方利益，那些具有较强综合服务能力和较高的服务效率的区域，能够快速收集产业链上各企业及其内部各部门、供应商、消费者的信息，有效实现各方沟通，整合和提升各方利益，并最终实现自身效益的最大化，这些区域也将成为全球经济发展网络中的重要节点，形成具有支配作用的影响力。

　　第二，中心国家和地区的管理与控制功能逐渐增强。随着全球化程度的加深，生产的全球分工程度逐渐增强，任何一个产业从其研发、生产到最终的营销、服务等，都不会在某一个国家或地区内全部完成，而是在众多国家、地区和城市构成的全球生产体系中协同完成，全球经济正日益演变成为一个将全世界各大经济区域连接在一起的网络。那些对生产成本具有较强依赖的制造、加工环节，虽然可以在产业分工和专业化的日益细化下提高效率、降低成本，但是由于生产中标准化的程度不断提高，这些生产环节的可替代性也日渐增强，很难构成一个地区的核心竞争力。而那些处于产业链两端的研发、设计、营销、咨询等行业，由于它们的发展更多地依靠创新等知识性生产要素，因而不可复制性强，附加价值较高，区域也由此会获得核心的竞争优势。目前一些在国际上具有重要影响力的国家和地区，正将越来越多的加工制造环节转移到其他国家和地区，而将设计、研发、营销等可替代性较弱的产业留在本地，以此占据价值链的高端位置。因此，虽然生产活动在跨国公司的带动下向全球扩散，但是生产的管理和控制权则日渐向某些国家和地区集中，从而进一步强化了它们在全球经济体系中的核心地位。而那些主要从事低端制造和组装环节的国家和地区，由于难以形成产业的核心竞争力，在全球经济的激烈竞争中只能处于相对弱势的地位。

　　第三，信息整合功能日益显现。在信息化和全球化的时代，国家和地区之间的联系越来越密切，国家和地区之间交流的要素由最初的劳动力、原材料、商品、资本等实体物质，转变为现在的信息、知识、技术等虚拟物质，世界经济格局的地理空间正在被网络化的虚拟空间所代替。在网络化时代中，一个国家和地区能级及地位的高低已不仅仅取决于自身的经济规模、人口、区位、资源禀赋等硬要素，而是通过虚拟空间维度下信息资源的汇聚，进而在信息资源的对外传递过程中实现资源价值的增值，来实现自身能级的提升①。因此，一个地区对外信息传递的连通性和畅达性越强，其虚拟的空间范围也会越广，那么，其在网络化空间中的节点地位就会越高。一个地区的产业体系，如果不具备这种对接性和"兼容"能力，就会在世界经济体系的网络中被边缘化，造成发展的阶段性衰退或停滞。

第二节　产业升级内涵的界定

产业升级是产业经济学研究的重点，但从目前的研究成果看，学术界对产业升级的内涵尚未形成统一的认识，对产业升级的内涵进行科学合理的界定，是更好地反映中国产业升级情况，并对其影响因素进行深入研究的关键。

早期的产业升级理论简单地从产业结构的调整的角度来理解和认识产业升级，但是这一认识仅关注到了产业升级的方向，却忽视了产业升级的本质目的。世界产业发展的趋势说明，全球产业正在朝着融合化、服务化、生态化和高科技化的方向演进和升级，这些演进趋势虽然加快了三次产业间的结构调整，但是更重要的是使产业的生产效率、技术水平，以及附加价值不断提高，产业的资源配置能力更强。对此，一些学者也指出了传统的将产业升级片面地理解为产业结构调整第一认识所存在的狭隘性，认为传统的产业升级概念虽然指出了产业结构变迁的方向，对于制订产业规划有着重要的指导意义，但是，这一认识也容易导致过多强调第三产业发展，盲目推动产业升级的情况，最终导致地区经

---

① 周振华：《论城市能级水平与现代服务业》，《社会科学》2005 年第 9 期。

济竞争力的受损。① 而且这一认识也忽视了对微观的企业个体在产业升级中作用的分析。随着经济全球化进程的不断深入，国外一些学者开始从全球产业价值链的角度研究产业升级的问题，并从企业在全球产业价值链中的地位变化入手，对产业升级的内涵进行了重新的界定。美国杜克大学的 G. 杰里菲是最早从全球产业价值链的角度研究"产业升级"问题的学者，他将产业升级的研究延伸至微观的企业领域，从企业在全球产业价值链所处环节的变迁这一角度来理解和界定产业升级，为产业升级的研究开辟了一个新的视野。杰里菲等人认为产业升级的经济学含义是指一国资本（包括人力和物质）相对于其他国家的劳动力或资源禀赋来讲变得更加丰富，同时他还指出，产业升级是一个公司或一个经济体能力的提高，转移到利润更丰厚或技术熟练程度要求更高的资本/技术密集型生产环节。汉弗莱等则在此基础上，进一步将产业升级划分为过程升级（process upgrading）、产品升级（product upgrading）、功能升级（functional uprading），以及价值链间的升级（inter-sectoral upgrading）。他们的研究虽然是从企业的角度分析了其在全球产业价值链中的地位变迁，但是却较为明确地阐述了产业升级的目的及其外在表现，即产业升级的目的在于推动产业附加值的提升、资源配置效率的提高，以及促进产业内部结构的不断均衡发展。中国学者刘志彪就曾指出，产业升级是指产业由低技术水平、低附加价值状态向高新技术、高附加价值状态的演变趋势，体现为资源在国民经济各产业之间的移动，以及资源在同一产业内部从低效率企业向高效率企业移动。②

在综合已有的研究成果的基础上，本书认为，产业升级对于企业来说，其目的是提高整体的利润以及技术水平，提升企业的综合竞争力，促进其在全球产业价值链中的地位由价值链的低端环节向中高端环节的攀升。对于国家或地区而言，产业升级的目的则是要提高其资源禀赋结

---

① 张耀辉：《产业创新：新经济下的产业升级模式》，《数量经济技术经济研究》2002 年第 1 期。

② 刘志彪、张杰：《从融入全球价值链到构建国家价值链：中国产业升级的战略思考》，《学术月刊》2009 年第 9 期。

构以及技术水平，促使产业资源配置能力以及产品附加价值的提高。基于这样的认识，一个地区的产业升级应包括这样几个方面的内容：一是产业的产品升级，即由过去的生产低附加值产品向生产高附加值产品的升级。随着产业生产产品附加价值的不断提高，整个产业的经济效益会逐渐提高，在全球产业价值链上的地位也会逐渐提高。二是产业的技术升级，即产业由低技术水平向高技术水平的演变。产业的技术升级是产品升级的一个重要原因，也是产业升级的主要体现，在先进技术的推动下，产业的劳动生产效率逐渐提高，从而促进了经济的不断增长。三是产业结构的升级，即产业结构的优化和调整。通过产业的产品升级和技术升级，一个地区的产业结构会逐渐向高附加值产业和高技术产业转移，从而表现为整个产业结构的升级，从世界产业结构演进的规律看，产业结构的升级体现在第三产业以及高新技术产业比重的不断提高上。

第三节　改革开放以来中国产业升级的总体状况

根据前面对产业升级内涵的界定，从产业的产品升级、技术升级以及结构升级三个方面对中国产业升级的总体状况进行研究。

一　改革开放以来中国产业产品升级情况

1. 中国工业产品升级的总体情况

产品升级，即一个产业所生产的产品附加价值不断提高的过程，体现了产业整体经济效益的提高。产品的附加价值是在产品原有价值的基础上，通过生产过程中的有效劳动实现的对原有价值的再提升。但是，如何衡量一个产业的附加价值是一个相对较困难的研究。从目前的研究看，对一个企业产品的附加价值的衡量一般是通过产品的价格与成本之间的差额而体现，从这个意义上来讲，企业附加价值的高低与企业的获利能力具有密切关系，因此，可以通过衡量一个产业整体的获利能力来反映其产品附加价值的高低。但是促使产业利润水平提高的原因是多方面的，它可能是产业技术水平的提升、新工艺、新材料等使用的结果，也可能是由于产业垄断造成的。当产业存在着较为严重的垄断现象时，垄断企业可以凭借其垄断地位，通过价格控制而获取超过平均利润的超额利润，从而使一个产业的总资产利润率得到提高。因此，通过获利能力来衡量产业的附加价值虽然是一个较为可行和方便的方法，但仍要深入研究导致产业利润水平高低的原因，这样才能更加全面、客观地反映一个产业的附加价值升级的内在原因。

衡量产业获利能力高低的指标较多，其中，总资产利润率①是一个重要指标。该指标是产业在一定时期内获得的利润总额与资产平均总额的比率，它反映了产业中的企业运用其全部资产获取利润的能力，是评价企业资产运营效益的重要指标，也直观地反映了产业获利能力的强弱。因此，在本书中，以总资产利润率作为衡量产品附加价值的指标。由于中国工业具有完整的资产及利润情况统计，下面将以改革开放以来中国工业为研究对象，对中国工业的产品升级情况进行具体分析。

图3—4是中国工业1980—2018年的总资产利润率的变化情况，从图3—4的变化情况中可以看到，总体来说，自1980年以来，中国工业的总资产利润率呈现出一个倒"S"型的走势，1980—1998年，中国工业的总资产利润率呈现出不断下降的趋势，1998年中国工业的总资产利润率降低到历史最低点1.37%。1998年以后，中国工业的总资产利润率开始逐年上升，到2007年一直处于稳步增长的阶段，2007年之后的两年里，工业的总资产利润率由于受国际金融危机的影响，出现了一定程度的下降，但是2010年增长加快，当年增长了约2.3%，并达到1990年以来的最高值（9.76%）。但是2010年以后，中国工业的总资产利润率进入了下降通道，到2018年，工业的总资产利润率已经降到5.88%，较2010年下降了3.88%。由此可以说明，1980—1998年，中国工业的产品附加价值一直处于下降的区间，1998—2010年，中国工业产品的附加价值则处于不断上升的过程中，也反映出了中国工业产品不断升级的过程，但是2010年以后，中国工业的产业整体附加价值又出现了下降的态势，产品升级的进程出现了一定程度的倒退。

---

① 总资产利润率＝利润总额/平均资产总额×100%。其中，平均资产总额＝（资产总额年初数＋资产总额年末数）/2。

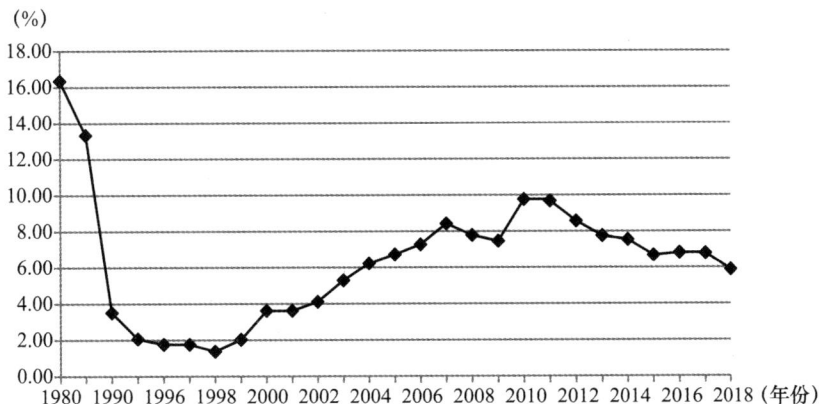

图3—4　1980—2018年中国工业总资产利润率变化情况

注：1995年以前，由于资产总额数据缺失，故采用当年年末资产总额作为平均资产。所用数据均为当年统计数据。

资料来源：根据《中国统计年鉴》历年数据计算而得。

2. 中国制造业分行业产品升级情况

为了更加明确地看清楚中国产业的产品升级情况，接下来通过对制造业分行业的总资产利润率变化情况进行研究。由于1998年以前，缺少对制造业规模以上行业的统计，因此，本部分的研究从1998年开始。

从研究结果看，1998年时，各行业的总资产利润率相对较低，所有行业总资产利润率的均值仅为1.58%，有四个行业的总资产利润率为负值。其中总资产利润率最高的为烟草制品业，但也仅为6.92%，其次是通信设备、计算机及其他电子设备制造业，文教体育用品制造业、医药制造业、印刷业和记录媒介的复制等；总资产利润率最低的是农副食品加工业、纺织业、有色金属冶炼及压延加工业，以及非金属矿物制品业，当年均为亏损行业；总资产利润率最高的行业与最低的行业，其差额为7.82%。

2018年各分行业的总资产利润率增长迅速，而且无亏损行业，各行业总资产利润率的均值达到8.79%，有12个行业的总资产利润率达到10%以上。其中，总资产利润率最高的行业是木材加工及木、竹、藤、棕、草制品业，其次为食品制造业，紧随其后的是皮革、毛皮、羽毛及其制品和制鞋业、饮料制造业、文教体育用品制造业、医药制造业等行业；总资产利润率最低的行业是金属制品、机械和设备修理业，仅为0.81%，黑色金属冶炼及压延加工业、有色金属冶炼及压延加工业、化学纤维制造业的总资产利润率也相对较低。总资产利润率最高的行业与最低的行业的差额扩大到13.21%。

从变化情况上看，1998—2018年，总资产利润率增长最为迅速的是木材加工及木、竹、藤、棕、草制品业，增长了13.71%，食品制造业，农副食品加工业，皮革、毛皮、羽毛（绒）及其制品业的增长也相对较快，分别为13.22%、11.75%和11.14%；总资产利润率增长最慢的是金属制品、机械和设备修理业，黑色金属冶炼及压延加工业，工艺品及其他制造业，通信设备、计算机及其他电子设备制造业，以及烟草制品业等行业，具体情况如表3—4所示。

表3—4　　　1998—2018年分行业总资产利润率的变化情况　　　单位：%

行业	1998	2018	2018—1998
农副食品加工业	-0.90	10.85	11.75
食品制造业	0.59	13.81	13.22
饮料制造业	2.77	11.80	9.03
烟草制品业	6.92	10.70	3.78
纺织业	-0.55	9.36	9.91
纺织服装、鞋、帽制造业	2.64	10.66	8.02
皮革、毛皮、羽毛（绒）及其制品业	2.28	13.42	11.14
木材加工及木、竹、藤、棕、草制品业	0.31	14.02	13.71
家具制造业	3.32	10.87	7.55
造纸及纸制品业	1.01	6.16	5.15
印刷业和记录媒介的复制	3.52	10.03	6.51
文教体育用品制造业	3.71	11.78	8.07
石油加工、炼焦及核燃料加工业	0.19	7.35	7.16
化学原料及化学制品制造业	0.52	6.97	6.45
医药制造业	3.56	11.57	8.01

续表

行业	1998	2018	2018—1998
化学纤维制造业	0.10	5.62	5.52
橡胶和塑料制品业	1.85[a]	9.42	7.57
非金属矿物制品业	−0.20	8.49	8.69
黑色金属冶炼及压延加工业	0.37	2.77	2.40
有色金属冶炼及压延加工业	−0.47	5.10	5.57
金属制品业	1.44	9.10	7.66
通用设备制造业	0.83	7.46	6.63
专用设备制造业	0.65	6.31	5.66
交通运输设备制造业	1.30	9.20	4.90
电气机械及器材制造业	1.84	8.56	6.72
通信设备、计算机及其他电子设备制造业	4.10	6.93	2.83
仪器仪表及文化、办公用机械制造业	1.01	9.74	8.73
工艺品及其他制造业	5.51[b]	7.43	1.92
废弃资源和废旧材料回收加工业	3.23[b]	10.40	7.17
金属制品、机械和设备修理业	3.86[c]	0.81	−3.05

注：由于统计分类的变化，a 为当年橡胶制品业、塑料制品业数据加总而得，b 为 2003 年数据，c 为 2012 年数据。

总资产利润率的变化显示了我国不同行业产品附加价值的总体情况及其变化情况。通过对 1998 年和 2018 年各行业总资产利润率的聚类分析结果显示，可以按照总资产利润率的高低，将所有的制造业行业分为三大类。1998 年，27 个制造业行业中，高、中、低附加值行业之比为 1：1.5：2.0。其中，高附加值行业包括烟草制品业，通信设备、计算机及其他电子设备制造业、文教体育用品制造业、医药制造业、印刷业和记录媒介的复制、家具制造业，共 6个行业，除烟草制品业的总资产利润率为 6.92% 外，其余的行业总资产利润率均在 3%—5%，相对于其他行业来说，产品附加价值较高，这 6 个行业中，除通信设备、计算机及其他电子设备制造业以

及医药制造业为高技术产业①外，其余的均为技术含量较低的劳动密
集型产业。中附加值行业包括饮料制造业，纺织服装、鞋、帽制造业，
皮革、毛皮、羽毛（绒）及其制品业，橡胶和塑料制品业等 10 个行
业，这些行业的总资产利润率在 1%—3%，这些行业主要以低技术的
劳动密集型产业和资本密集型的中高技术产业为主。低附加值行业包括
了农副食品加工业，纺织业，有色金属冶炼及压延加工业，非金属矿物
制品业，化学纤维制造业，石油加工、炼焦及核燃料加工业等 12 个行
业，总资产利润率都在 1% 以下，其中农副食品加工业、纺织业、有色
金属冶炼及压延加工业、非金属矿物制品业，这 4 个行业的总资产利润
率均为负值，这些行业大多数为原材料加工业和劳动密集型产业，基本
上都属于中低技术产业。

　　2015 年，30 个制造业行业中，高、中、低附加值行业之比为 1：
1.08：0.42。其中，高附加值行业包括食品制造业，饮料制造业，烟草
制品业，皮革、毛皮、羽毛（绒）及其制品业，木材加工及木、竹、
藤、棕、草制品业等 12 个行业，这些行业大多属于劳动密集型为主导
的低技术产业，总资产利润率都在 10% 以上。中附加值行业包括橡胶
和塑料制品业，纺织业，交通运输设备制造业，仪器仪表及文化、办公
用机械制造业，通信设备、计算机及其他电子设备制造业，化学原料及
化学制品制造业等 14 个行业，这些行业的总资产利润率处于 6.0%—
10%，主要以交通、计算机和通信设备、化工等资本密集型和技术密集
型产业为主，大多属于中高技术产业。低附加值行业包括有色金属冶炼
及压延加工业，石油加工、炼焦及核燃料加工业，黑色金属冶炼及压延
加工业 4 个行业，总资产利润率在 6.0% 以下。这些行业主要是以原材

①　OECD 根据其成员国 R&D 的投入强度情况，对制造业行业按其技术高低情况进行分
类，将 19 个制造业行业分为高技术产业、中高技术产业、中低技术产业和低技术产业。其中
高技术产业包括：航空航天制造业、制药等五个行业；中高技术产业包括电气机械和设备、
汽车、挂件及半挂车等五个行业；中低技术产业包括船舶制造和修理、橡胶和塑料制品等五
个行业；低技术产业包括木材、纸制品、印刷和出版，食品、饮料和烟草等四个行业。其行
业分类标准与中国目前的行业分类标准虽有所不同，但仍可以进行对比研究，可以将中国的
行业分类按照 OECD 的标准进行大类上的归类，因此也可以参照 OECD 的标准将中国的制造业
分行业按照技术投入情况大致分类为高技术、中高、中低和低技术四大类。

料加工业为主导的中低技术产业，不仅技术含量低，而且能耗高、环境污染较为严重。

对比 1998 年和 2018 年的产业附加值分类情况可以总结出以下一些特征：第一，2018 年中、高附加值产业比重大幅增加，制造业的整体经济效益显著提高，产品附加值有较大幅度的提升；第二，以劳动密集型为主的低技术产业相对于其他技术类型的产业来说，产品附加价值更高一些，尤其在 2018 年，高附加值行业中绝大多数均为低技术产业，说明低技术产业不仅产品附加价值高，而且产品附加值提升较快。相对于低技术产业，中高和高技术产业主要集中在中附加值行业中。第三，原材料加工等中低技术产业附加值较低，且一直处于低附加值行业中。无论是 1998 年还是 2018 年，低附加值行业都主要以原材料加工业为主，这说明，这些行业的产品附加值提升较慢（如表 3—5 所示）。

表 3—5　　　　　　　　1998 年与 2018 年各行业的附加值分类表

年份	低附加值行业	中附加值行业	高附加值行业
1998	农副食品加工业，纺织业，有色金属冶炼及压延加工业，非金属矿物制品业，化学纤维制造业，石油加工、炼焦及核燃料加工业，木材加工及木、竹、藤、棕、草制品业，黑色金属冶炼及压延加工业，化学原料及化学制品制造业，食品制造业，专用设备制造业，通用设备制造业	饮料制造业，纺织服装、鞋、帽制造业，皮革、毛皮、羽毛（绒）及其制品业，橡胶和塑料制品业，电气机械及器材制造业，金属制品业，交通运输设备制造业，造纸及纸制品业，仪器仪表及文化、办公用机械制造业	烟草制品业，通信设备、计算机及其他电子设备制造业，文教体育用品制造业，医药制造业，印刷业和记录媒介的复制、家具制造业

续表

年份	低附加值行业	中附加值行业	高附加值行业
2015	有色金属冶炼及压延加工业，金属制品、机械和设备修理业，化学纤维制造业，石油加工、炼焦及核燃料加工业	橡胶和塑料制品业，纺织业，交通运输设备制造业，仪器仪表及文化、办公用机械制造业，非金属矿物制品业，工艺品及其他制造业，通用设备制造业，金属制品业，电气机械及器材制造业，通信设备、计算机及其他电子设备制造业，化学原料及化学制品制造业，专用设备制造业，造纸及纸制品业，黑色金属冶炼及压延加工业	食品制造业，饮料制造业，烟草制品业，皮革、毛皮、羽毛（绒）及其制品业，木材加工及木、竹、藤、棕、草制品业，农副食品加工业，纺织服装、鞋、帽制造业，家具制造业，印刷业和记录媒介的复制，文教体育用品制造业，医药制造业，废弃资源和废旧材料回收加工业

3. 结论

从以上对中国工业产品升级整体情况的研究可以得出以下结论：第一，中国的工业产品在改革开放初期直至 1998 年的期间内，附加价值一直处于下降阶段，产品并未处于由低附加值向高附加值升级的过程。1998 年以后，中国工业产品的附加值显著提升，工业产品逐渐由低附加值向高附加值升级。但是 2010 年以后，中国工业产品的附加价值又出现了下降的态势，说明中国工业的产品升级又出现了一定程度的倒退。第二，在中国制造业的各分行业中，劳动密集型为主的低技术产业的产品附加价值相对于资本密集型和技术密集型的中高技术产业而言是较高的，而且提升较快，说明改革开放以来，中国的劳动密集型产业产品升级较为明显。第三，在所有制造业中，技术含量较低的资源加工型制造业的产品附加价值最低，而且产品升级缓慢。

但是，对于以上的结论，还存在进一步验证的必要，尤其是对于第一点结论，尽管改革开放初期，中国工业的总资产利润率处于下降态势，而且1978年的总资产利润率显著高于此后的任何一个年份，但是这并不能充分说明改革开放前以及改革开放初期中国工业的产品升级情况就一定好于此后的阶段，正如本部分研究一开始所指出的，较高的利润率的形成并不一定是技术进步的结构，而只有技术进步所带来的利润率提升才能真正代表产品附加价值的提高，也才是真正意义上的产品升级。因此，要对中国工业的产品升级情况有一个清晰的认识，必须与后面的技术升级情况综合进行考察。

二　改革开放以来中国产业技术升级情况

1. 中国产业技术升级的总体情况

产业技术升级是衡量产业升级情况的重要指标。从全球产业价值链的角度看，产业升级是一国或一地区的产业在全球产业价值链地位的不断攀升，是一国或一地区产业相对于其他国家或地区资源禀赋结构的不断优化与升级，实际上是一国或地区资源禀赋结构的动态调整，即由最初的劳动（资源）密集型或向资本密集型以及技术密集型方向的演化。随着资源禀赋结构的升级，产品的附加价值也将不断提高，从而使该国或该地区产业在全球产业价值链的地位得到提升，产业的整体竞争力随之增强。要实现这一目标，必须加快产业的技术升级。在产业技术升级的推动下，产业的生产效率不断提高，使产业的资源配置能力得到增强，从而使该国或该地区可以更加有效地使用各种生产要素，生产要素的产出效率也随之提高。这一方面降低了产业成本，另一方面提高了产品的深加工程度，也使生产要素得以实现更高的价值再造。在成本下降、生产要素价值提升的双重因素作用下，产品的附加价值不断提高，整个产业的获利能力增强，从而促使产业的资源禀赋结构得以优化，推动了一国或地区相对于他国或地区产业资源禀赋优势的动态调整，进而促使该国或地区产业在全球产业价值链中的地位得到攀升，最终实现产业升级的目标。

产业的技术升级体现为产业劳动生产效率的提高。通过衡量一个产业劳动生产率水平的提高情况，可以看出该产业的技术演进情况。下面就以改革开放以来中国劳动生产率的变化情况来分析中国产业的技术升级状况。其中全社会劳动生产率＝国内生产总值/全社会从业人员年平均人数；工业劳动生产率＝工业增加值/工业从业人员年平均人数。

图 3—5 是改革开放以来中国全社会劳动生产率与工业劳动生产率的变化情况。从图中所示可以看出，改革开放以来，中国全社会劳动生产率和工业劳动生产率均呈现稳步提升的趋势。尤其是工业劳动生产率增长更为迅速。1980 年中国全社会劳动生产率为 987.28 元/人，到 2018 年已经提升至 17429.19 元/人，2018 年是 1980 年的 17.7 倍；工业劳动生产率方面，1980 年为 3512.33 元/人，到 2018 年，增长到 116957.14 元/人，2018 年是 1980 年的 33.3 倍。劳动生产率的稳步提升说明改革开放以来中国产业的技术水平不断升级。尤其是工业领域，技术升级更为明显，提升速度更快。

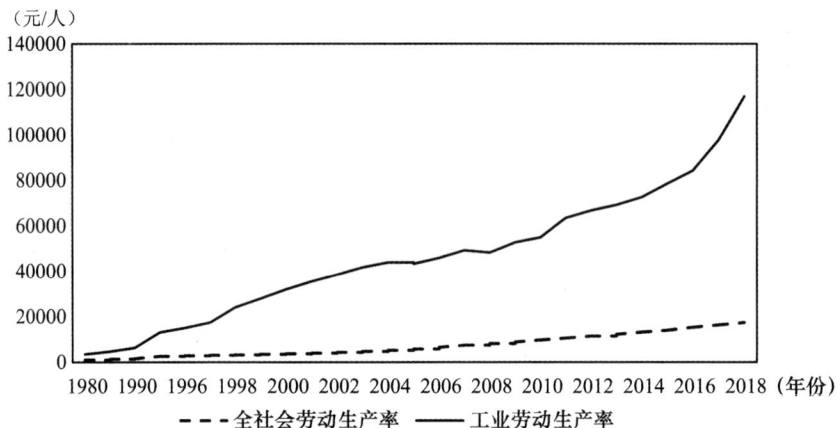

图 3—5 改革开放以来中国全社会劳动生产率及
工业劳动生产率变化情况

注：全社会劳动生产率为国内生产总值与从业人员年平均人数的比值；工业劳动生产率为工业增加值与工业从业人员年平均人数的比值。国内生产总值及工业增加值均以 1978 年为100，按照增长指数计算而得。

资料来源：根据《中国统计年鉴》及《新中国五十五年统计资料汇编》相关数据整理计算而得。

从劳动生产率的增长速度看，1980—2018 年全社会劳动生产率的年均增长速度为 7. 85% ，工业劳动生产率的年均增长速度是 9. 66% ，总体来看工业的劳动生产率增长速度要快于全社会劳动生产率。不过，如果从分阶段的劳动生产率增长速度看，全社会劳动生产率与工业劳动生产率的年均增长情况较为复杂。1980—1990 年，全社会劳动生产率的年均增长速度相对较慢，仅为 4. 77% ，工业劳动生产率的年均增长速度也不是很高，为 6. 11% ；到 1990—2000 年，工业劳动生产率的年均增长速度迅速提高，达到 17. 56% ，全社会劳动生产率的年均增长速度也有较大幅度的提高，为 9. 10% ，在这一阶段，工业劳动生产率的年均增长速度明显快于全社会劳动生产率的年均增长速度，说明工业是拉动全社会劳动生产率提高的主要产业，工业的技术水平在这一阶段得到了极大的提升；但是在 2000—2010 年，全社会劳动生产率的年均增长速度进一步提高，达到 10. 04% ，但是工业劳动生产率的年均增长速度却呈现出断崖式的下降，仅为 5. 54% ，说明拉动全社会劳动生产率增长的主要产业已不是工业；2010—2018 年，全社会劳动生产率的年均增长速度虽然较上一阶段有一定程度的下降，但是仍保持了较高的增长，为 7. 49% ，相比较而言，工业劳动生产率的年均增长速度有较大程度的提高，达到 9. 90% ，但是仍低于全社会劳动生产率的年均增长速度。

从劳动生产率增长速度的分析中（如表 3—6 所示）可以看出，尽管从 1980—2018 年，工业劳动生产率的年均增速略快于同一阶段全社会劳动生产率的年均增速，但是从不同历史阶段中国劳动生产率增长的变化情况中可以看出，2000 年以后，中国工业劳动生产率的增长速度明显下降，均低于同一历史阶段全社会劳动生产率的年均增速，而在 2000 年以前，中国工业劳动生产率的增长速度则明显快于全社会劳动生产率的年均增速。这说明，在 2000 年以前，中国工业的技术进步较快，改革开放释放了企业技术升级的热情，劳动生产率也因此大幅提高，工业也成为拉动中国全社会劳动生产率提升的主导产业。但是 2000 年以后中国工业的技术升级较为缓慢，劳动生产率的增长速度明显下降，这也是目前中国制造业存在供给侧结构性问题的一大根源。

表3—6　　　　不同历史阶段中国劳动生产率增长速度的变化情况　　　　单位:%

年份	全社会劳动生产率年均增速	工业劳动生产率年均增速
1980—1990	4.77	6.11
1990—2000	9.10	17.56
2000—2010	10.04	5.54
2010—2018	7.49	9.90
1980—2018	7.85	9.66

注:各历史阶段劳动生产率增长速度采用算数平均法计算而得。

资料来源:根据各年份数据计算而得。

　　如果将中国产业产品升级和技术升级的总体演进状况进行对比分析,可以发现,改革开放初期,中国工业总资产利润率大幅下降,而同期的劳动生产率则在不断提高,两者之间呈现明显的反向运行态势,改革开放前的劳动生产率相对于改革开放以后明显处于低水平状态,直至1998年以后,工业的总资产利润率和劳动生产率的运行才基本上处于同步提升的阶段(如图3—6所示)。由此可以看出,改革开放以前的总资产利润率的高企,实际上并不是技术进步而带来的,而是在国家政策的保护下产生的垄断利润,这在后面的研究中还将进一步深入分析。

　　2. 中国制造业分行业技术升级情况

　　为了更加明确中国产业的技术升级情况,在此选择最具技术代表性的制造业为研究对象,研究制造业各分行业劳动生产率的变化情况,以此来明确中国产业技术升级的具体走势。

　　本部分研究所需数据来自历年《中国统计年鉴》《中国工业统计年鉴》,以及国家统计局月度数据,研究范围为1999—2015年。由于统计资料的缺失,在研究中国制造业各分行业劳动生产率的变化情况时,用当年工业总产值替代工业增加值。同时,由于部分年份缺少工业总产值的统计数据,在此根据当年工业销售产值的数据,以及多年份各分行业工业销售产值与工业总产值的比重估算得到当年工业总产值的数据。对于个别年份缺乏的分行业从业人员年平均人数,在此采用国家统计局公布的当年各行业从业人员月度数据计算而得,计算公式为:分行业从业人员年平均人数 = 每个月从业人员平均人数之和/12。

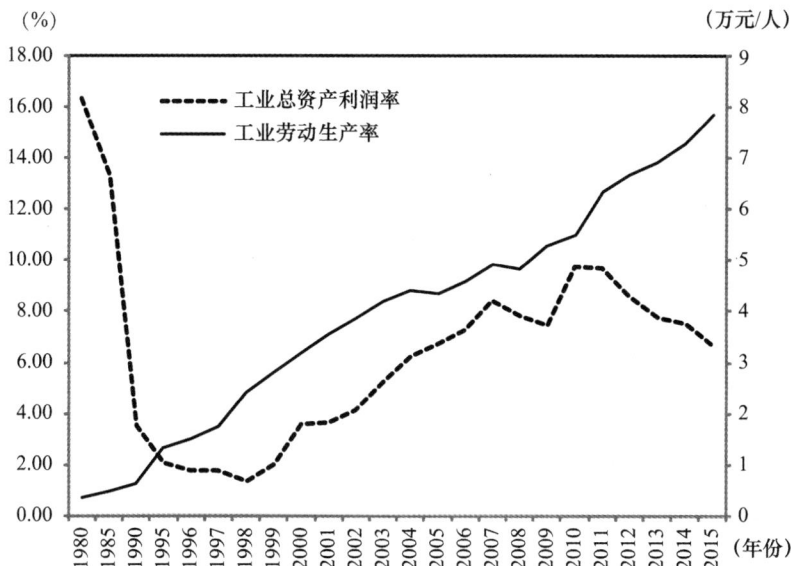

图3—6　改革开放以来中国工业总资产利润率及劳动生产率的比较情况

资料来源：根据图 3—4 和图 3—5 相关数据整理而得。

　　剔除制造业中由于统计门类发生变化而出现数据不连续的行业，橡胶和塑料制品业和其他制造业，剩余的制造业共 28 个。从研究结果看（如表 3—7 所示），1999 年，26 个行业的劳动生产率平均值为 161208.51 元/人。在 26 个行业中，劳动生产效率最高的行业是烟草制品业，为 523101.43 元/人，其次是石油加工、炼焦和核燃料加工业，计算机、通信和其他电子设备制造业，化学纤维制造业，农副食品加工业，以及电气机械和器材制造业，除烟草制品业和农副食品加工业为低技术产业外，其余产业均属于中高技术产业；劳动生产率最低的是非金属矿物制品业，为 80992.72 元/人，文教、工美、体育和娱乐用品制造业，纺织业，专用设备制造业，通用设备制造业的劳动生产率也相对较低，可以看出，主要以中低技术产业和中高技术产业为主；劳动生产率最高的烟草制品业是最低的非金属矿物制品业的 6.5 倍，差距十分明显。

　　2015 年，26 个行业的劳动生产率平均值为 1357066.51 元/人，

2015 年制造业劳动生产率平均值是 1999 年的 8.42 倍。在制造业全部
26 个分行业中，劳动生产率最高的依然为烟草制品业，为 4608638.78
元/人，其次为石油加工、炼焦和核燃料加工业，有色金属冶炼和压延
加工业，化学原料和化学制品制造业，黑色金属冶炼和压延加工业和化
学纤维制造业，几乎全部为资本密集型的化工产业，按照技术类型主要
属于中低技术产业。2015 年劳动生产率排在倒数五位的产业分别为
印刷和记录媒介复制业，文教、工美、体育和娱乐用品制造业，家
具制造业，皮革、毛皮、羽毛及其制品和制鞋业，纺织服装、服饰业，
全部为劳动密集型产业，全部为低技术产业。劳动生产率最高的烟草制
品业是最低的纺织服装、服饰业的 9.03 倍，差距相对于 1999 年进一步
扩大。

　　从制造业各行业劳动生产率的增长速度上看，1999—2015 年，绝
大多数行业的劳动生产率的增长都较为迅速，年均增长率都在两位数
以上，其中增长最快的行业是交通运输设备制造业，有色金属冶炼和
压延加工业、化学原料和化学制品制造业、非金属矿物制品业、专用
设备制造业、通用设备制造业的增长也相对较快。劳动生产率增长最
慢的是计算机、通信和其他电子设备制造业，1999—2015 年增长了
7.28%，皮革、毛皮、羽毛及其制品和制鞋业的增长也相对较慢，为
9.46%，其次为纺织服装、服饰业和家具制造业，除计算机、通信和
其他电子设备制造业外，其余几个行业均为劳动密集型产业，也属于
低技术产业。

表 3—7　1999 年和 2015 年制造业分行业劳动生产率及其增长速度

行业	劳动生产率（元/人）		1999—2015 年年均增速（%）
	1999 年	2015 年	
农副食品加工业	195882.98	1582562.92	13.95
食品制造业	134435.63	1057429.24	13.76
酒、饮料和精制茶制造业	153699.76	1083678.34	12.98
烟草制品业	523101.43	4608638.78	14.57
纺织业	87660.79	865790.81	15.39

续表

行业	劳动生产率（元/人）		1999—2015 年年均增速（％）
	1999 年	2015 年	
纺织服装、服饰业	108429.91	510124.96	10.16
皮革、毛皮、羽毛及其制品和制鞋业	120328.54	511189.45	9.46
木材加工和木、竹、藤、棕、草制品业	125233.36	1030673.90	14.08
家具制造业	137797.96	680197.80	10.49
造纸和纸制品业	110548.95	1074676.29	15.27
印刷和记录媒介复制业	97783.39	781106.50	13.87
文教、工美、体育和娱乐用品制造业	95392.30	690547.19	13.17
石油加工、炼焦和核燃料加工业	378925.16	3716880.54	15.34
化学原料和化学制品制造业	135007.20	1732220.84	17.29
医药制造业	149712.58	1174640.14	13.74
化学纤维制造业	204198.15	1602126.37	13.74
非金属矿物制品业	80992.72	1039574.85	17.29
黑色金属冶炼和压延加工业	147254.23	1719298.21	16.60
有色金属冶炼和压延加工业	166692.02	2329792.32	17.92
金属制品业	141530.66	1010828.33	13.07
通用设备制造业	85948.52	1024772.34	16.75
专用设备制造业	86712.20	1047294.59	16.85
交通运输设备制造业	98171.54	1399562.78	18.07
电气机械和器材制造业	175559.64	1135213.59	12.37
计算机、通信和其他电子设备制造业	332921.20	1024537.29	7.28
仪器仪表制造业	117500.56	850370.90	13.17

资料来源：根据各年份数据计算而得。

注：劳动生产率增长速度采用算数平均法计算而得。

综合以上情况，采用聚类分析的方法，将 1999 年和 2015 年中国制造业的劳动生产率及其增速进行分类，将 26 个行业分为高劳动生

产率、中高劳动生产率、中低劳动生产率、低劳动生产率四类，将其
增速分为高增长、中高增长、中低增长和低增长四类。分类结果见表
3—8 所示。从聚类分析的结果可以看出，除烟草制品业外，大多数中
高劳动生产率以上的产业为资本密集型的化工产业、交通、金属加工
及机械制造业，而大多数的劳动密集型产业则属于中低或低劳动生产
率的产业。值得注意的是，技术密集型的产业，如计算机、通信和其
他电子设备制造业，医药制造业，仪器仪表制造业等在中国的劳动生
产率并不是很高，尤其是在 2015 年，基本上属于中低或低劳动生产
率的产业，这反映了中国这类产业在产业链中所处的地位较为低端，
大多从事的是简单的加工、组装及生产环节，技术的整体水平还相对
较低。同样，劳动生产率的增长速度较快的产业也大多为资本密集型
的化工、机械、交通和金属加工，但是纺织、烟草、木材等劳动密集
型产业的劳动生产率增长也较快。劳动生产率增长较慢的大多数为以
劳动密集型为主的低技术产业，但是，计算机、通信和其他电子设备
制造业，医药制造业，仪器仪表制造业等高技术产业的劳动生产率增
长也较为缓慢。

表3—8　　1999 年与 2015 年各行业的劳动生产率及其增速分类表

年份	低劳动生产率行业	中低劳动生产率行业	中高劳动生产率行业	高劳动生产率行业
1999	交通运输设备制造业，印刷和记录媒介复制业，文教、工美、体育和娱乐用品制造业，纺织业，专用设备制造业，通用设备制造业，非金属矿物制品业	家具制造业，化学原料和化学制品制造业，食品制造业，木材加工和木、竹、藤、棕、草制品业，皮革、毛皮、羽毛及其制品和制鞋业，仪器仪表制造业，造纸和纸制品业，纺织服装、服饰业	农副食品加工业，电气机械和器材制造业，有色金属冶炼和压延加工业，酒、饮料和精制茶制造业，医药制造业，黑色金属冶炼和压延加工业，金属制品业	烟草制品业，石油加工、炼焦和核燃料加工业，计算机、通信和其他电子设备制造业

续表

年份	低劳动生产率行业	中低劳动生产率行业	中高劳动生产率行业	高劳动生产率行业
2015	纺织业，仪器仪表制造业，印刷和记录媒介复制业，文教、工美、体育和娱乐用品制造业，家具制造业，皮革、毛皮、羽毛及其制品和制鞋业，纺织服装、服饰业	医药制造业，电气机械和器材制造业，酒、饮料和精制茶制造业，造纸和纸制品业，食品制造业，专用设备制造业，非金属矿物制品业，木材加工和木、竹、藤、棕、草制品业，通用设备制造业，计算机、通信和其他电子设备制造业，金属制品业	化学原料和化学制品制造业，黑色金属冶炼和压延加工业，化学纤维制造业，农副食品加工业，交通运输设备制造业	烟草制品业，石油加工、炼焦和核燃料加工业，有色金属冶炼和压延加工业
年份	低增长	中低增长	中高增长	高增长
1999—2015	家具制造业，纺织服装、服饰业，皮革、毛皮、羽毛及其制品和制鞋业，计算机、通信和其他电子设备制造业	农副食品加工业，印刷和记录媒介复制业，食品制造业，医药制造业，化学纤维制造业，文教、工美、体育和娱乐用品制造业，仪器仪表制造业，金属制品业，酒、饮料和精制茶制造业，电气机械和器材制造业	纺织业，石油加工、炼焦和核燃料加工业造纸和纸制品业，烟草制品业，木材加工和木、竹、藤、棕、草制品业	交通运输设备制造业，有色金属冶炼和压延加工业，非金属矿物制品业，化学原料和化学制品制造业，专用设备制造业，通用设备制造业，黑色金属冶炼和压延加工业

3. 总结

从对中国产业技术升级的研究中可以得出以下结论：第一，改革开放以来，中国产业的技术升级情况较为明显，产业技术水平不断提高。工业的劳动生产率提升较快，尤其是在 1990—2000 年，工业劳动生产率的提高是拉动中国产业整体技术水平提升的主要因素，但是 2000 年以后，中国工业的劳动生产率增长较为缓慢，低于同期的全社会劳动生产率的增长速度，这也是造成目前我国工业产品结构升级缓慢、在全球产业价值链中地位不高，以及低端产能过剩、供需之间错配的主要原因之一。不过，2010 年以后，中国工业劳动生产率的增长速度较上一阶段有所增加，说明工业领域的技术升级在不断加快。第二，资本密集型的劳动生产率总体高于技术密集型产业和劳动密集型产业，而且资本密集型产业的劳动生产率的增长速度也明显快于技术密集型产业和劳动密集型产业。尤其是以石化、金属冶炼为主的原材料加工业，劳动生产率及其增长速度相对于其他产业均较高，说明这类产业在中国的增长快于其他产业。第三，技术密集型产业的劳动生产率总体不高，增长速度也相对较慢，这说明中国大多从事的是技术密集型产业中的低技术环节，技术水平相对较低，在全球产业价值链中大多处于价值链的低端环节。

三　改革开放以来中国产业结构升级情况

1. 中国产业结构升级的总体情况

中国是世界上经济增长最快的国家。改革开放以来，中国经济连续 30 多年保持高速增长，创造了世界经济发展上的"中国奇迹"。这与世界大多数国家的发展形成了鲜明的对比，产业结构的调整和优化所带来的效率的提高正是支撑中国经济持续快速增长的主要因素之一。

改革开放以来，中国的产业结构发生了较为明显的调整（如图 3—7 所示）。第一产业在国民经济中的比重迅速下降。从统计数据看，1978 年第一产业增加值占 GDP 的比重为 28.1%，随后的几年中，第一产业的增加值比重经历了一个上升期，到 1982 年，达到 33.3%。从 1983 年开始，中国第一产业增加值占 GDP 的比重开始迅速下降，到 2003 年已经下降到 12.5%，在 20 年中下降了近 21 个百分点。2003 年

以后，第一产业的增加值比重出现较为稳定并略有下降的态势，到
2018 年，其在国民经济中的比重下降到 7.0%，较 2003 年降低了近 5.5
个百分点。

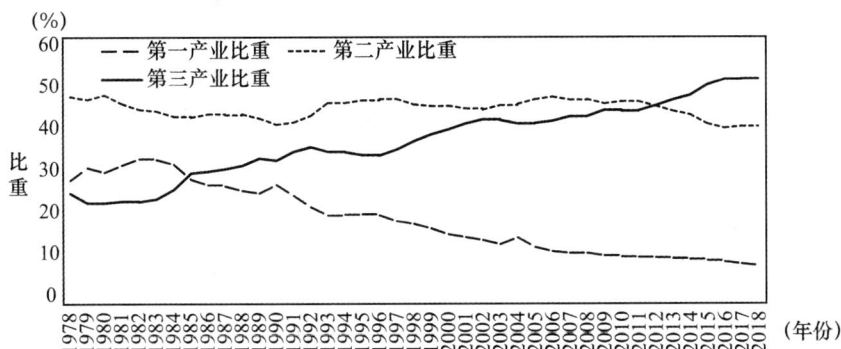

图 3—7　改革开放以来中国三次产业占 GDP 比重变化情况图

资料来源：根据《中国统计年鉴》历年数据整理而得。

在第一产业增加值比重迅速下降的同时，第二产业增加值占 GDP
的比重一直处于一种相对平稳的状态，1978—2018 年的 37 年中，第二
产业的比重仅下降了 7.0 个百分点。1978—1990 年的 12 年中，第二产
业的增加值比重处于小幅下降的阶段，1990—2006 年的 16 年中，第二
产业的增加值比重处于小幅上升的阶段，到 2006 年达到最高点 47.6%，
随后，我国第二产业的增加值比重又开始小幅下降，到 2018 年第二产
业增加值比重降为 40.7%。总体来看，中国第二产业的增加值比重一
直处于较高的水平，在中国的国民经济中具有重要的支撑作用。

相比较第一产业和第二产业，第三产业自改革开放以来总体上一直
处于上升的通道之中，其增加值比重由 1978 年的 24.6% 增加到 2018 年
的 52.2%，增加了 27.6%。而且，第三产业的比重增长经历了几次小
规模的反复。在 1978—1980 年的 4 年中，第三产业的增加值比重出现
了一定程度的下降，最低降至 1979 年和 1980 年 22.3%，在 1992—1996
年、2003—2008 年，第三产业的增加值比重也出现了一定程度的下降。
1997—2002 年是中国第三产业增长较为迅速的几年，其增加值比重由
1997 年的 35.0% 增加到 2002 年的 42.2%，增长了 7.2 个百分点。在经

历了 2003—2004 年的下降后，2005 年以后中国第三产业增加值比重开始进入稳定的增长阶段（除 2010 年略有下降外），尤其是 2011—2016 年增长十分迅速。2005—2018 年第三产业增加值比重增长了 10.9 个百分点，其中 2011—2016 年增长了 7.5 个百分点。从第三产业比重近几年的变化可以看出，第三产业在中国经济中的地位不断提高，已真正成为拉动中国经济增长的主导产业。

在三次产业增加值比重积极调整的同时，三次产业的就业比重也在发生相应的调整（如图 3—8 所示）。1978 年，第一产业的就业人口占全部就业人口中的比重高达 70.5%，第二产业和第三产业的就业比重仅分别为 17.3% 和 12.2%。随后，第一产业的就业比重逐渐下降，到 2018 年已经降到 26.1%，40 多年中下降了近 44.4 个百分点，尤其是 2000 年以后，2000—2018 年的 18 年中，下降了 23.9%。但是到 2018 年，第一产业的就业比重相比较第二产业和第三产业来讲仍然较高，我国仍有大量的劳动力人口属于第一产业。中国第二产业的就业比重在 2012 年达到最高值，为 30.3%，1978—2012 年的 34 年中，仅增长了 13.0 个百分点，2003—2012 年，第二产业的就业比重增加较快，增长了 8.9 个百分点，但 2012 年以后第二产业的就业比重出现了下降的趋

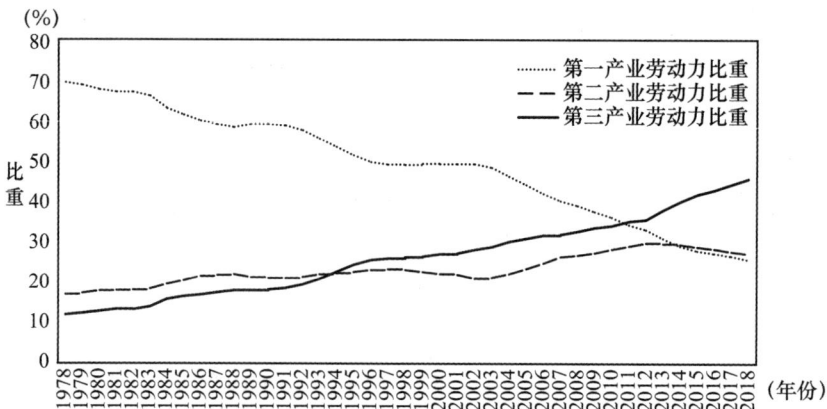

图 3—8　改革开放以来中国三次产业就业比重变化情况图

资料来源：根据《中国统计年鉴》历年数据整理而得。

势，总体来看，第二产业在吸纳劳动力方面作用较低。第三产业的就业比重相对于第二产业来讲增长较快，从 1978 年的 12.2% 增加到 2018 年的 46.3%，增加了 34.1 个百分点，已经成为我国吸纳就业最主要的产业部门，尤其是 2012 年以后，第三产业的就业比重快速增加，2013—2018 年已经增长了 10.2 个百分点。

总体来看，在我国，虽然相对中国目前的经济发展阶段而言，第一产业的就业比重仍相对较高，但其下降的趋势较为明显。与此同时，第三产业的就业比重则不断上升，现已超过第一产业，说明第三产业正逐渐取代第一产业，成为我国吸纳就业的第一大产业。第二产业的就业比重在改革开放至今的 30 多年中虽然有一定的增加，但是增长幅度不是很大，其吸纳就业的作用并不是十分明显。

2. 中国产业结构升级的合理化与高度化分析

产业结构的合理化与高度化是产业结构调整和优化的两个基点，要对中国的产业结构调整情况有一个清晰的认识，必须在对中国产业结构调整的基本情况进行分析的基础上，深入研究中国产业结构的合理化与高度化状况。在此，从这两个维度对中国产业结构的调整情况进行具体分析。

（1）中国产业结构合理化的衡量

产业结构的合理化是指各产业之间存在着较高的聚合质量[1]。产业结构的合理化不仅体现在产业结构的协调性上，即要解决好三次产业之间以及各产业内部各部门之间发展上的协调问题[2]，而且体现在资源配置和利用效率的提高上，即要促进产业的供给结构与需求结构耦合程度的不断提高[3]，或产业素质之间协调性（主要指技术水平）的提高[4]。

但是由于统计资料的获得难度较大，因此，在对产业结构合理化程

---

[1] 周振华：《产业结构优化论》，上海人民出版社 1992 年版，第 158 页。

[2] 苏东水：《产业经济学》，高等教育出版社 2000 年版，第 290 页。

[3] 参见干春晖等《中国产业结构变迁对经济增长和波动的影响》，《经济研究》2011 年第 5 期；李京文、郑友敬《技术进步与产业结构——概论》，经济科学出版社 1988 年版，第 72 页。

[4] 参见苏东水《产业经济学》，高等教育出版社 2000 年版，第 290 页；黄继忠《工业重构：调整与升级》，辽宁教育出版社 1999 年版，第 121 页。

度进行评价时，通常是对产业结构与就业结构之间的协调状况进行研究，一般采用结构偏离度的方法进行衡量。如下：

$$E = \sum_{i=1}^{n} \left| \frac{Y_i / L_i}{Y/L} - 1 \right| = \sum_{i=1}^{n} \left| \frac{Y_i/Y}{L_i/L} - 1 \right|$$

式中，E 为产业结构偏离度，Y 为产业的产值，L 为产业的就业，Y_i 和 L_i 分别表示 i 产业的产值和就业情况，由此可以看出，$\frac{Y_i/Y}{L_i/L}$ 实际上就是各产业的比较劳动生产率，它反映了 1% 的劳动力所生产的产值在国民总产值中的比重。当一个国家或地区的产业结构协调程度较高，产业的技术水平不存在较大断层时，各个产业之间的比较劳动生产率差距就会很小，此时 $\frac{Y_i/L_i}{Y/L} - 1 \rightarrow 0$。也就是说，$E$ 越小，说明各产业的技术差距越小，产出结构与就业结构之间的耦合性越好，各产业的素质比较协调；而 E 越大，则各产业的产出结构与就业结构之间的耦合性就越差，产业素质协调程度越低，产业结构越不合理。

泰尔指数最早由泰尔（Theil，1967）提出，其计算公式为：

$$TL = \sum_{i=1}^{n} \left(\frac{Y_i}{Y} \right) ln \left(\frac{Y_i/Y}{L_i/L} \right)$$

由上式可以看出，泰尔指数是以各产业在国民经济中的比重为权重，各产业比较劳动生产率的自然对数的加权和。当产业结构的合理化程度较高时，各产业的比较劳动生产率差距较小，则 $\frac{Y_i/Y}{L_i/L} \rightarrow 1$，$ln \left(\frac{Y_i/Y}{L_i/L} \right) \rightarrow 0$，则 $TL \rightarrow 0$。可见，TL 越小，表明产业结构的合理化程度越高。在此，运用泰尔指数对中国 1978 年以来的产业结构合理化程度进行测算。

从图 3—9 中的泰尔指数变化情况看（详细数据见表 3—9），中国的泰尔指数从 1978 年以来总体呈现下降的趋势，基本上可以分为三个阶段：第一个阶段是 1978—1984 年，这一阶段处于较为明显的下降区间。在改革开放的初期阶段，由于改革开放初期的改革极大地激发了农村劳动者的积极性，使这一阶段的农业比较劳动生产率迅速提高，因此促进了泰尔指数的下降，也反映出了这一阶段 TL 中国产业结构合理化程度的不断提高。第二个阶段是 1985—2003 年，这一阶段处于震荡变化且略有上升的区间。1985—2003 年，随着市场化进程的不断深入，改革开放以前严重滞后于经济发展阶段的第三产业，在这一期间得到了较快的发展，其在国民经济中的比重明显上升，与此同时，第一产业在国民经济中的比重处于明显的下降阶段，可以说，三次产业的产值结构逐渐趋于合理。但是，由于劳动力的转移滞后于三次产业产值结构的变化（这一点在前面的研究中已经指出），因此，这一阶段，一、二、三产业的比较劳动生产率与均衡状态的背离并没有得到显著改善，相反还略有加强。这导致了 TL 在这一期间的震荡、徘徊和反复，到 2003 年时，中国的泰尔指数已经上升并超过了 1984 年的水平，也说明了中国产业结构合理化程度在这一期间的不断降低。第三阶段是 2004—2016 年，这一阶段是中国产业结构合理化程度迅速提高的阶段。2004 年以后，中国劳动力转移的步伐明显加快，第一产业的劳动力比重由 2003 年的 49.1%，下降到 2016 年的 27.7%，大量的农业从业人员转移到工业和服务业领域，而三次产业的产值结构调整速度也有所放缓，这使得各产业的比较劳动生产率逐渐趋于均衡，TL 出现下降，产业结构的合理化程度逐渐提高。但值得注意的是，2017—2018 年，中国的泰尔指数又出现了小幅的上升，由 2016 年的 0.124 上升到 2018 年的 0.128。

表 3—9　　　　　1978—2018 年中国产业结构的泰尔指数

年份	各产业在国民经济中的比重 $\frac{Y_i}{Y}$（%）			各产业比较劳动生产率 $\frac{Y_i/Y}{L_i/L}$（%）			泰尔指数
	第一产业	第二产业	第三产业	第一产业	第二产业	第三产业	
1978	27.7	47.7	24.6	0.39	2.76	2.02	0.398
1979	30.7	47.0	22.3	0.44	2.67	1.77	0.337
1980	29.6	48.1	22.3	0.43	2.64	1.70	0.337
1981	31.3	46.0	22.7	0.46	2.51	1.67	0.297
1982	32.8	44.6	22.6	0.48	2.42	1.67	0.272
1983	32.6	44.2	23.2	0.49	2.36	1.63	0.259

续表

年份	各产业在国民经济中的 比重 $\frac{Y_i}{Y}$ （％）			各产业比较劳动 生产率 $\frac{Y_i/Y}{L_i/L}$ （％）			泰尔指数
	第一产业	第二产业	第三产业	第一产业	第二产业	第三产业	
1984	31.5	42.9	25.5	0.49	2.16	1.58	0.223
1985	27.9	42.7	29.4	0.45	2.05	1.75	0.247
1986	26.6	43.5	29.8	0.44	1.99	1.73	0.242
1987	26.3	43.3	30.4	0.44	1.95	1.71	0.235
1988	25.2	43.5	31.2	0.42	1.94	1.70	0.240
1989	24.6	42.5	32.9	0.41	1.97	1.80	0.261
1990	26.6	41	32.4	0.44	1.92	1.75	0.231
1991	24.0	41.5	34.5	0.40	1.94	1.83	0.264
1992	21.3	43.1	35.6	0.36	1.99	1.80	0.289
1993	19.3	46.2	34.5	0.34	2.06	1.63	0.295
1994	19.5	46.2	34.4	0.36	2.04	1.50	0.267
1995	19.6	46.8	33.7	0.38	2.03	1.36	0.244
1996	19.3	47.1	33.6	0.38	2.00	1.29	0.228
1997	17.9	47.1	35.0	0.36	1.99	1.33	0.239
1998	17.2	45.8	37.0	0.35	1.95	1.39	0.243
1999	16.1	45.4	38.6	0.32	1.97	1.43	0.265
2000	14.7	45.5	39.8	0.29	2.02	1.45	0.288
2001	14.0	44.8	41.2	0.28	2.01	1.49	0.298
2002	13.3	44.5	42.2	0.27	2.08	1.48	0.314
2003	12.3	45.6	42.0	0.25	2.11	1.43	0.322
2004	13.9	45.9	41.2	0.30	2.04	1.35	0.281
2005	11.6	47.0	41.3	0.26	1.97	1.32	0.276
2006	10.6	47.6	41.8	0.25	1.89	1.30	0.264
2007	10.2	46.9	42.9	0.25	1.75	1.32	0.241
2008	10.2	47.0	42.9	0.26	1.73	1.29	0.229
2009	9.6	46.0	44.4	0.25	1.65	1.30	0.217

续表

年份	各产业在国民经济中的比重 $\frac{Y_i}{Y}$（%）			各产业比较劳动生产率 $\frac{Y_i/Y}{L_i/L}$（%）			泰尔指数
	第一产业	第二产业	第三产业	第一产业	第二产业	第三产业	
2010	9.3	46.5	44.2	0.25	1.62	1.28	0.205
2011	9.2	46.5	44.3	0.26	1.58	1.24	0.185
2012	9.1	45.4	45.5	0.27	1.50	1.26	0.170
2013	8.9	44.2	46.9	0.28	1.47	1.22	0.150
2014	8.7	43.3	48.0	0.29	1.45	1.18	0.134
2015	8.4	41.1	50.5	0.30	1.40	1.19	0.125
2016	8.1	40.1	51.8	0.29	1.39	1.19	0.124
2017	7.6	40.5	51.9	0.28	1.44	1.16	0.127
2018	7.2	40.7	52.2	0.28	1.47	1.13	0.128

资料来源：根据《中国统计年鉴》数据整理计算而得。

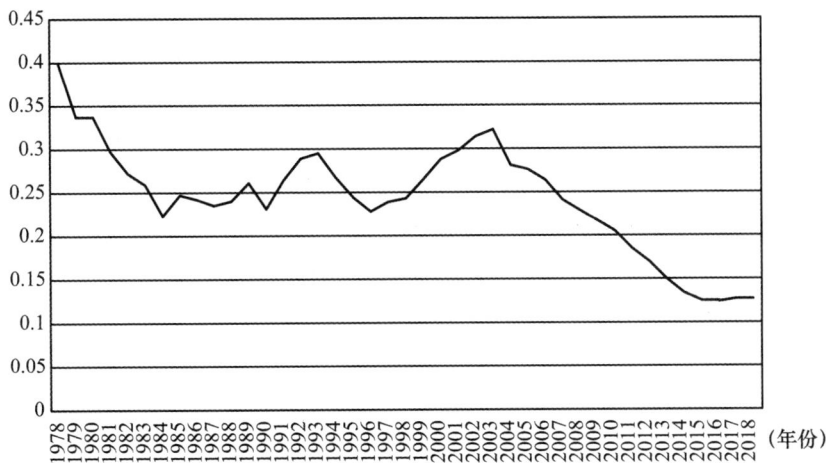

图3—9 中国产业泰尔指数变化情况

资料来源：根据表3—9中相关数据绘制而成。

（2）中国产业结构高度化的衡量

产业结构的高度化也称为产业结构的高级化，体现为一国或地区的产业结构重心由第一产业向第二产业、第三产业逐次转移，以及产业结构的发展由劳动密集型产业向资本密集型、技术密集型产业的方向调整，由低附加值产业向高附加价值产业的方向调整。产业结构的高度化标志着一国经济发展水平的高低，以及产业结构的调整阶段和方向。但是，在第三次工业革命的影响下，以信息化为核心的产业技术发展，使不同产业之间的差距大大缩小，第一产业的技术程度也不断加强，其中也存在大量的高附加值环节，而第三产业的科技化含量和产业附加价值并没有明显地高于第一产业和第二产业，相反在很多领域还相对较低。因此，单纯地研究三次产业之间的比例关系已经难以科学衡量产业结构的高度化程度，尤其是难以衡量出产业结构的技术发展程度。但是，在现实的衡量中很难获得能真正体现产业技术发展程度的相关指标，因此，通常在研究产业结构高度化的问题时，仍然采用三次产业结构的比例作为分析的数据基础。

从目前来看，大多数文献在衡量上会采用"标准结构"法（将一国或地区的产业结构与世界上其他国家的产业结构进行高度上的比较）以及相似系数法等进行测算，这些方法虽然可以确定一国或地区产业结构与某个标准结构之间的差距，以此明确这个国家或地区产业结构的发展高度，但是难以把握和了解该国或该地区产业结构调整的方向和进度。第三产业比重的高低是产业结构高度化的重要体现，因此，非农产业在国民经济中比重的增加可以作为衡量产业结构高度化发展的重要指标。然而，在世界经济服务化趋势越来越明显的背景下，非农产业比重的衡量难以直观地体现出产业结构服务化的发展程度，因此，应将第三产业在国民经济中比重的上升作为衡量产业结构高度化的重要指标。《实用世界经济辞典》中也明确指出，将第三产业比重在国内生产总值中的比重超过50%，作为衡量一国产业结构高度化的标准。而且，第三产业的快速发展，可以促使产业附加值以及产业技术复杂程度的提升，因而，考察一个国家或地区第三产业的发展情况，可以反映出该国家或地区的产业结构高度化程度。基于这样的考虑，本书采用第三产业与第二产业的产值之比（TS）来衡量产业结构的高度化程度。

图 3—10 是中国产业结构高度化程度的变化情况图。从图中可以看出，自 1978 年以来，中国产业结构的高度化程度不断上升，但在这期间经历了 1978—1980 年、1992—1996 年、2002—2006 年几个较为明显的波动阶段。而且从提升的幅度上看，1991 年以前相对较快，在 1978—1991 年的 14 年间，TS 由 0.50% 上升到 0.81%，增长了 0.31%。1992 年以后，TS 的增长相对较慢，其中，1992—2012 年的 21 年中，TS 仅增长了 0.18%。但 2013—2016 年的 4 年间增长较为明显，2016 年相比于 2012 年上升了 0.29%。然而，2017 年和 2018 年，TS 出现了小幅度的下降。TS 的变化反映了中国第三产业增长速度的变化。改革开放以前，由于第三产业的发展长期处于人为的抑制状态，因此改革开放以后，第三产业的发展出现了较大幅度的上升，这是对长期以来扭曲的产业结构的一种纠正。但是，随着扭曲程度的降低，第三产业的发展速度有所减缓，而且在中国，第二产业的发展无论在总量规模还是在总体质量上，都存在相当大的提升空间，同时在地方政绩考核的驱动下，工业项目的落地和工业的发展仍成为较长一段时间的发展主题，这些因素

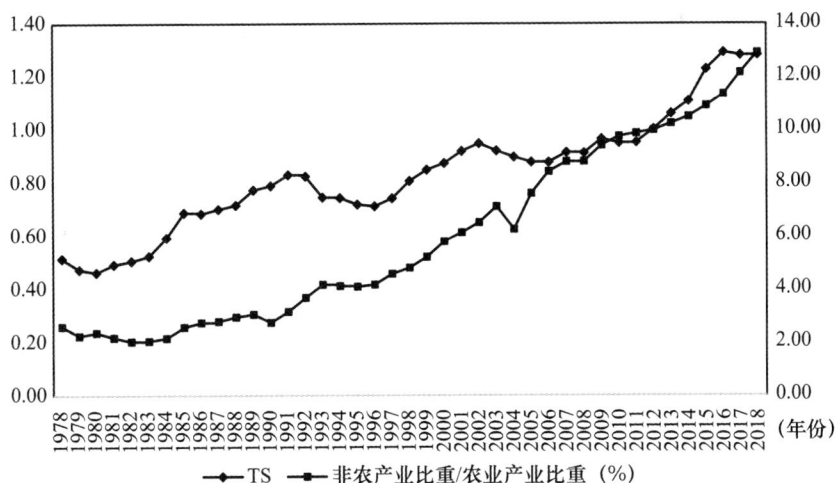

图 3—10　中国产业结构高度化程度的变化情况图

资料来源：根据《中国统计年鉴》相关数据整理计算而得。

促使中国的第三产业相对于第二产业的发展速度有所放缓，表现在二者产值比重的胶着上升上。但是随着中国经济发展水平的不断提高，第三产业的发展又逐渐成为产业结构调整的主要内容，由此导致了 TS 值较明显的上升。

如果将 TS 的变化情况与非农产业比重/农业产业比重加以对比，可以看出，这两者之间表现出一定的非同步性。非农产业比重/农业产业比重的上升明显快于 TS 的上升，可见，非农产业比重/农业产业比重虽然可以在一定程度上表现产业结构的高度化程度，却难以准确表现第三产业发展的总体情况，而中国非农产业比重的快速上升在很大程度上并不是由第三产业比重的提升所产生的，而是第二产业比重快速增长的结果。

第四章

垄断的类型、衡量方法及中国
产业垄断的情况分析

第一节　垄断的主要类型

垄断，按照我国《反垄断法》的规定是指：排除、限制竞争以及可能排除、限制竞争的行为。依据不同的分类标准，垄断有多种分类方式。在本书的研究中主要从垄断的组织形式、产生的原因以及市场结构三个方面对垄断的种类进行简单的介绍。

一　按照具体组织形式划分

经济垄断的具体组织形式，可以将垄断分为短期价格协定、卡特尔、辛迪加、托拉斯、康采恩和其他组织形式的垄断。

1. 短期价格协定

短期价格协定是垄断组织的初级形式，也是最简单的形式，主要是指大企业之间通过口头或书面等方式，在一定时间内对某类商品的价格进行共同约定，从而控制市场，以达到获取高额利润的垄断形式。一般来讲，这种垄断的目的达成后或当市场条件发生改变后，就会自动解散，因而不具有长期性和稳定性。这种垄断包括了诸如"圈内联合""垄断市场联合"、大企业间的联营（pool）以及康文兴（convention）等几种形式。

2. 卡特尔

卡特尔（Cartel），原意为协定或同盟，是指由一系列生产同类商品的企业，为了获取高额利润，在划分市场、规定商品产量、确定商品价格等一个或几个方面达成协议而形成的垄断性联合，其目的就在于提高这一类产品的价格、控制其产品，从而获得超额利润。从目前的发展情况看，卡特尔常常是国际性的，如欧佩克，就是国际产油国及其组织之间的一种国际协定。从其协议的内容上，还可以进一步将卡特尔分为：价格卡特尔、数量卡特尔、技术卡特尔、规定销售条件的卡特尔，以及规定销售范围的卡特尔，等等。成立卡特尔的产业一般都是需求价格弹性相对较小的产业领域，其成员大多具有较强的价格控制能力，市场占有率较高，产业具有高度的集中度，这样少数几个厂家就可以通过签订协议等方式获得高额的利润，从而损害了消费者的利益和社会经济福利。

3. 辛迪加

辛迪加（Syndicat）是指同一生产部门的企业为了获取高额垄断利润，通过签订协议，由辛迪加的总部统一处理采购原料和销售商品等方面的事宜，而形成的垄断性组织。与卡特尔不同的是，参加辛迪加的企业虽然在生产和法律上仍保持独立，但是已丧失了商业上的独立地位，所有的销售和采购业务均由辛迪加的总办事机构统一办理，参加辛迪加的企业不再与市场直接发生联系，但是各企业间会在销售份额上存在竞争。而且，加入辛迪加的企业很难脱离辛迪加的约束，因而它比卡特尔更集中，更具有稳定性。

4. 托拉斯

托拉斯（Trust）是垄断组织的一种高级形式，通常指生产同类商品或在生产上有密切联系的企业，为了获取高额利润，通过企业间的收购、合并以及托管等形式，从生产到销售等环节进行全面合并，从而达到企业一体化发展目的的一种垄断形式。托拉斯本身就是一个法人，参加托拉斯的企业本身虽然是独立的，但在法律上和产销上均失去独立性，其全部业务和财务形成都由托拉斯董事会集中掌握。原来的企业成为托拉斯的股东，按股权分配利润。由于托拉斯是通过公司内部的行政渠道达成发展中的共同策略，因此它是一种比卡特尔和辛迪加更高级的垄断形式，也是极为稳定的一种垄断形式。

5. 康采恩

康采恩（Konzem）是垄断的高级形式之一，是由分属于不同经济部门的许多企业，以实力最为雄厚的企业为核心而结成的垄断联合。参加康采恩的企业可以是来自多个产业领域或部门的，其中既可以有生产领域的企业，也可以包括诸如银行、保险、商业、运输等服务部门的企业。其目的在于垄断销售或金融等市场、争夺原料产地和投资场所，以获取高额垄断利润。从其构成上看，康采恩具有生产、销售或金融相结合的特点，是工业垄断资本和银行垄断资本相融合的产物，将生产领域和服务领域融为一体，因此更具竞争力，是比卡特尔、辛迪加和托拉斯更为高级的垄断组织形式。

二　按照产生的原因划分

按照垄断产生的原因，可以将垄断分为自然垄断、经济性垄断以及行政性垄断等类型，这也是经济学研究中经常采用的分类方式。

1. 自然垄断

早期西方经济学认为规模经济是自然垄断的充分必要条件，具有规模经济的产业即为自然垄断。马歇尔认为成本递减的产业一般是垄断性产业，即行业产量增加所引起的生产要素需求的增加，反而使生产要素的价格下降了。成本递减行业中各个厂商的长期平均成本要随整个行业产量的增加而减少。1982 年，鲍莫尔、潘泽和威利格用部分可加性重新定义了自然垄断。假设在某个行业中有 X 种不同产品，Y 个生产厂商，如果单一企业生产所有各种产品的成本小于多个企业分别生产这些产品的成本之和，该行业的成本就是部分可加的。如果在所有有关的产量上企业的成本都是部分可加的，该行业就是自然垄断的。换言之，即使平均成本上升，只要单一企业生产所有产品的成本小于多个企业分别生产这些产品的成本之和，由单一企业垄断市场的社会成本依然最小，该行业就是自然垄断行业。

2. 经济性垄断

所谓经济性垄断，是指各国反垄断法一般所称的经济意义上的垄断，即大企业借助经济实力，单独或者合谋在生产、流通、服务领域限制、排斥或控制经济活动的行为。经济性垄断或称经济垄断是经济学中经营者或经营者的联合体为了获得垄断利润而采用其拥有的市场势力优势或支配地位，限制和排除其他主体进入竞争市场的行为。经济性垄断的实施主体只能是市场主体，其形成是市场主体在早期不断竞争过程中形成和发展起来的，一切非市场主体，不论是政府机构，还是事业单位所实施的排斥、限制或阻碍市场竞争的行为，都不属于经济性垄断的范畴。经济性垄断的基础是垄断主体具有相当的经济优势。形成经济优势的方式很多，主要有竞争取胜、联合组织以及串通合谋等。一般而言，没有经济优势的市场主体无法形成经济性垄断。经济性垄断的目的是获得垄断利润。谋求利润是市场主体从事生产、经营的根本动力和最终目标，也是市场竞争和垄断的力量源泉。垄断利润的享有者，只能是市场主体中的个别或少数垄断者，因此它并不代表政府、地方或部门的利益，这与我国社会经济生活中的行政性垄断有显著的区别。

3. 行政性垄断

行政性垄断最早出现在 20 世纪 80 年代，是一位经济学者在讨论社会经济现象的时候，提出了"行政垄断"的概念。后来一些学者在研究中国的市场结构时，认为中国的垄断现象与西方国家的经济性垄断具有一定的区别，将其用于对中国垄断状况的研究。行政性垄断是指地方政府、政府的经济行业主管部门或其他政府职能部门凭借行政权力排斥、限制或妨碍市场竞争的行为。行政性垄断还可以依据其具体的表现形式，以及形成的原因等，分为多种类型。如邓保同根据行政性垄断中行政权力的辐射范围和辐射方向的不同，将其分为地区性行政垄断和行业部门性行政垄断[①]；陈志成根据垄断主体对垄断行为的介入程度，将其分为行政直接垄断行为和行政间接垄断行为。其中，行政直接垄断行为可以分为地区垄断、行政干涉企业联合和行政立法（决策）垄断等，行政间接垄断行为则主要表现为行业垄断，是公用企业、中介组织以及其他依法具有垄断地位的其他经营者滥用优势，实施限制竞争的行为[②]。在此，主要介绍以下几种类型的行政性垄断：一是地区垄断，这是政府及其职能部门通过违法行政建立市场壁垒的行为；二是部门垄断，行业管理者为了保护本行业的利益违法运用行政权力限制竞争的行为；三是行政性强制行为，是指政府不适当干预企业的经营自主权，强制企业购买、出售某种产品或与其他企业合并等违反市场竞争原则的行

---

① 邓保同：《论行政性垄断》，《法学评论》1998 年第 4 期。
② 陈志成：《行政垄断的多维解读》，《中国行政管理》2003 年第 3 期。

为。由于中国尚处于计划经济向市场经济转型的发展阶段，政府对市场行为的干预仍然较多，行政性垄断在中国较为普遍，因而在本书的研究中，对行政性垄断的影响将进行专门的分析。

此外，按照垄断产生的原因，还有国家垄断和权利垄断等形式，其中国家垄断是指国家为了保障国家安全、增加国家财政收入或促进社会整体利益，依法对特定领域的商品或服务进行排他性控制。对于关系国计民生或国家安全的事业，许多国家都以特别法的形式明确规定，实行中央政府专营，例如，邮政、枪支弹药、黄金等产品与服务。权利垄断则是依靠某些法律文件所赋予的权利而形成的垄断，如通过知识产权法所赋予的权利，包括商标权、专利权、著作权等，而形成的垄断。

三 按照市场结构划分

依据市场结构的情况，可以将经济性垄断分为完全垄断、寡头垄断和联合垄断。

1. 完全垄断

完全垄断也可以称为独占垄断。是指一家企业对整个行业的生产、销售进行完全排他性控制，简言之，在该行业，只有一家企业从事生产或经营活动，不存在任何竞争。完全垄断是与完全竞争相对应的一种市场形式，在这种市场结构下，生产某一产品的厂商是唯一的，其产品没有替代品，该厂商是这一产品唯一的制定者，因此完全可以根据市场的需求情况制定差别价格，以获得最大的超额利润。但是，同完全竞争一样，这种形式的垄断在现实生活中几乎是不存在的。

2. 寡头垄断

寡头垄断是指在某一市场上存在少数的厂商来生产、销售某种特定的产品或者提供某项服务，每个企业在市场上都具有一定的地位，都在市场上占有一定的份额，都对产品或服务的价格具有一定的影响力。不过，这些厂商之间又存在一定的竞争，他们在制定决策时必须对竞争对手的反应进行充分研究，不能独自决定价格，因此，他们不是价格的制定者，但也不是价格的接受者。当市场上只有两个寡头时，就是双头垄断。寡头垄断的现象在现实生活中较为常见，具有寡头垄断市场特点的产业，都具有明显的规模经济特点，也就是说，大企业在该产业的发展中会具有较为明显的优势，企业规模越大，越可以节约成本，形成明显的竞争优势，小规模的企业则难以生存。因此，这类产业一般具有明显的市场进入障碍，无法形成生产规模的企业难以进入该产业，即使进入了也难以与原有的企业相抗衡。

3. 联合垄断

联合垄断也是垄断的一种重要形式，是指多个相互之间有竞争关系并具有一定经济实力的企业或企业联合组织，通过明示、默示限制竞争协议或共同一致的行为，联合控制某一产业的生产或销售的行为。联合垄断也是一种较为常见的垄断形式，与寡头垄断相比，联合垄断所涉及的企业规模相对较小，而且市场中企业数量也相对较多，生产的产品相似但又不完全相同，而且最为重要的是，与寡头垄断的产业相比，联合垄断的产业不具有明显的经济规模限制，企业在进出市场时的壁垒相对较低。

第二节　垄断的衡量及测度方法

垄断的测度方法有很多种类，综合国内外研究成果，大致可以把垄断测度方法分为两大类，即定量分析和定性判断。

一　定量分析法

定量分析可以分为市场集中度分析和模型分析两大类。市场集中度分析法用于早期对市场势力的分析，主要有市场份额、行业集中度、赫芬达尔指数等指标进行分析。

市场份额指一个企业的销售量（或销售额）在市场同类产品中所占的比重。市场份额是企业的产品在市场上所占份额，也就是企业对市场的控制能力。企业市场份额的不断扩大，可以使企业获得某种形式的垄断，这种垄断既能带来垄断利润又能保持一定的竞争优势。

（1）行业集中度

行业集中度又称行业集中率或市场集中度，是指某行业的相关市场内前 N 家最大的企业所占市场份额（产值、产量、销售额、销售量、职工人数、资产总额等）的总和，是对整个行业的市场结构集中程度的测量指标，用来衡量企业的数目和相对规模的差异，是市场势力的重要量化指标。行业集中度是决定市场结构最基本、最重要的因素，集中体现了市场的竞争和垄断程度。

赫芬达尔—赫希曼指数（HHI），简称赫芬达尔指数，是一种测量产业集中度的综合指数。它是指一个行业中各市场竞争主体所占行业总收入或总资产百分比的平方和，用来计量市场份额的变化，即市场中厂商规模的离散度。其公式为：

$$HHI = \sum_{i=1}^{n} \left(\frac{X_i}{X} \right)^2 = \sum_{i=1}^{n} S_i^2$$

其中，X 为市场的总规模，X_i 为 i 企业的规模，$S_i = X_i / X$ 为第 i 企业的市场占有率，n 为该产业内的企业数。赫芬达尔—赫希曼指数是计算某一市场上 50 家最大企业（如果少于 50 家企业就是所有企业）每家企业市场占有份额（取百分之的分子）的平方之和。显然，HHI 越大，表示市场集中度越高，垄断程度越高。

空间基尼系数是衡量产业空间集聚程度指标的一种，由克鲁格曼在 1991 年时提出，当时用于测算美国制造业行业的集聚程度，该方法应用较为广泛，其公式如下：

$$G = \sum_{i=1}^{n} (S_i - X_i)^2$$

其中，G 为空间基尼系数，S_i 为地区 i 的某产业的相关指标（产值、就业人数、销售额、资产总额等）占全国该产业的比重，X_i 为地区 i 的相关指标（产值、就业人数、销售额、资产总额等）占全国的比重，N 为全国地区的数量。

G 的值在 0 和 1 之间，若 G 的值越是接近 0，那么该地区的产业分布越均衡；若 G 的值越接近 1，则产业集聚程度越强，也就是该地区产业在全国具有一定垄断地位。

（2）模型分析法

模型分析法是在模型中引入衡量和测度垄断的指标，通过对指标的估算，对市场垄断做出定量分析。[①] 在国外大多数学者测度垄断的模型主要围绕测度 Lerner 指数展开。Lerner 指数是价格与边际成本的差额占价格的比例，也就是单位价格中价格与边际成本的差额所占的比重。Lerner 指数取值范围在 0—1，Lerner 指数越接近 1，表明企业定价超过边际成本，企业市场垄断势力越强。但在微观企业层面，产品的价格、成本和销量不易获得，学术界开始寻求反映市场势力的替代指标。

在生产法[②]基础上，hall 通过行业投入要素的增长和产出增长的关系度量整个行业的价格边际成本加成，从而实现了对 Lerner 指数代替。在中国，周末利用新实证产业组织方法（New Empirical Industrial Organization, NEIO），在 Klette 和 Desouza 基础上给出了一种更具一般性的，可以在异质性产品市场测度市场势力和垄断损失的方法，通过对产业实际的市场势力测度，再把市场势力溢价带入福利损失测度的模型中，从而实现了对市场势力带来的福利损失进行有效可靠的测度。该模型解决了微观数据的不可获得性以及市场势力测度方法的欠缺而不能进行实证的问题。[③]

还有的学者从其他视角构建模型对垄断进行测度，朱贻宁构建了多元回归模型，对收费公路产业行政性垄断及产业效率进行了计量分析，模型包括赫佛因德指数、国家股份占比、行业市场份额、第一产权占比、产业链集中度、技术革新比率、人员内定比率、收费内定比率 8 个指标的测度体系，并采用三层次 DEA 模型对收费公路产业的产业效率进行计算，最后把收费公路产业效率与行政性垄断程度进行相关性分析。[④] 陈林依据现代垄断最新理论[⑤]，以超越对数成本函数模型估计了

---

① 任凌玉：《产品市场竞争衡量方法综述》，《经济问题探索》2009 年第 1 期。

② 生产法：在完全竞争的条件下，追求成本最小化的企业的要素投入支出占销售收入的比重等于该要素投入占成本的比重，两个比重之间的差距可以度量企业高于边际成本定价的能力。

③ 周末、王璐：《产业异质条件下市场势力估计与垄断损失测度——运用新实证产业组织方法对白酒制造业的研究》，《中国工业经济》2012 年第 6 期。

④ 朱贻宁：《收费公路产业行政垄断及产业效率的计量分析》，《统计与决策》2015 年第 11 期。

⑤ 现代自然垄断理论认为即使一个产业的规模经济被耗尽，平均成本是水平的或上升的，但只要单个企业垄断市场的社会成本最小，该行业就仍是自然垄断产业。

中国重化工业的成本函数,进而对其自然垄断属性进行了测度。[①]

二 定性判断法

定性判断法主要依据不同垄断所具有的特征与性质而进行描述性分类。最早期定性分析用于自然垄断的划分。[②] 自然资源由于其具有稀缺性的特点,被享有特权的阶级或阶层通过手中的权力,把自然界稀缺的资源占为己有,从而形成对稀缺自然资源的垄断。后来人们的认识水平进一步提高,他们开始从自然资源的特征来理解自然垄断。通过对行业生产所需的自然要素稀缺性这一特点进行定性分析后,主观地把自然垄断划分为各种类别。具有代表性的人物是理查德·T. 埃利(Richard T. Ely),他用分类的方法对自然垄断进行定性判断。他根据自然垄断的特征人为地把其划分为三类:第一类是凭借自然界独一无二的资源而形成垄断,第二类是依托独有的特权或独占的信息资源而形成的垄断,第三类是依靠某些产业的特殊性而形成的垄断。但在现实世界中,很多经济活动在于自然要素和条件不相关的情况下出现了自然垄断现象。西方学者们又根据经济学原理对自然垄断进行了重新阐释。大多数学者主要依据自然垄断所具有的规模经济这一特征属性而对行业进行自然垄断定性分析。他们认为规模经济是自然垄断的充分必要条件,如果某个产业具有规模经济特征就可以定性判断为自然垄断。

随着垄断理论不断拓展,垄断已从自然条件决定论、规模经济发展到范围经济和成本劣加性,而定性分析法对垄断认识水平也不断地提高。武鹏从两个方面来界定垄断行业:一是客观技术上的成本劣加性所致的某些只能由一个或几个主要厂商来经营的行业,如石油和天然气开采业、水的生产和供应业、铁路运输业等;二是对于不满足第一个条件的行业,通过发放数量有限的"行政许可证"也可使其演变成垄断行业,如烟草制品业、电信和其他信息传输服务业、银行业、证券业等。[③]

---

① 陈林、刘小玄:《自然垄断的测度模型及其应用》,《中国工业经济》2014 年第 8 期。
② 姜春海:《自然垄断理论述评》,《经济评论》2004 年第 2 期。
③ 武鹏:《行业垄断对中国行业收入差距的影响》,《中国工业经济》2011 年第 10 期。

除此之外，欧洲复兴银行通过打分法综合定性判断垄断。主要从三个方面进行评价：一是对各产业改革总体进展进行打分，分值分别是1、3、5，分值越大表明改革越充分。二是评价各产业是否存在独立管制机构，结果分为三种情况完全独立、部分独立与不独立。三是评价各国垄断产业《特许法》的质量，结果分为很高、较高、一般、较低、很低五种情况。[①]

第三节　中国制造业垄断程度的变化

工业是支撑一国经济发展的重要组成部分，在本部分中，将通过对中国工业垄断程度的衡量，来明晰中国产业垄断的变化情况。

一　中国工业垄断程度的总体情况

前面曾对垄断的多种衡量方法进行了介绍，在对目前关于垄断衡量方法进行甄选的基础上，确定通过定量衡量市场集中度的方法进行垄断程度的分析。通过对一个国家和地区产业市场集中度情况的分析，可以对其市场结构的变化情况有一个较为清楚的认识。在本部分首先通过对中国工业的 HHI 系数进行测算，以期对中国工业的产业垄断情况的变化有一个总体的把握，然后再通过对大企业销售收入的比重变化情况分析，对中国工业的市场垄断情况有一个总体全面的认识。

前面曾指出，HHI 的计算公式为：

$$HHI = \sum_{i=1}^{n} \left(\frac{X_i}{X}\right)^2$$

在本部分的研究中，I_i 表示第 i 行业的就业人数，n 表示行业数量，x 表示 n 个行业的总就业人数。HHI 指数越大，表示产业的集中度越强；反之，则意味着产业集中度较低，产业体系分散。

图4—1是1985—2018年中国工业的 HHI 指数的演变情况，从图中

---

① 范合君、戚幸东：《我国垄断产业改革进程测度研究》，《经济与管理研究》2011年第3期。

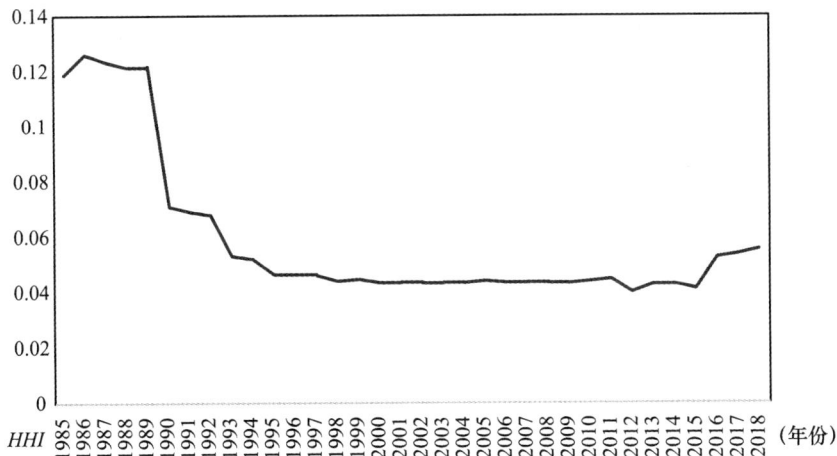

图4—1　1985—2018年中国工业 *HHI* 指数变化情况

资料来源：根据《中国统计年鉴》历年数据计算而得。

的演进趋势中可以看出，中国工业的 HHI 指数整体呈"L"型趋势，从1986年的最高值0.1260下降到1995年的0.0463后，基本上处于稳定变化的时期，虽然期间有两次小幅度的波动，但是并没改变总体 L 型的趋势。1986—1995年 *HHI* 指数的下降，反映了中国工业集中度的降低，说明产业的总体垄断程度在不断下降。而1995—2015年 *HHI* 指数的平稳发展，则表明中国工业的产业集中度在最近20多年里变化不大，处于低集中度的状况。但值得注意的是，2016—2018年，*HHI* 出现了小幅度的上升，说明，中国工业的产业率中度有一定程度的提高。为了更加清晰地认识中国工业的产业垄断情况，下面进一步从企业的市场占有率角度进行更加深入的分析。

表4—1是1998—2013年我国制造业产业最大的100家、200家和500家企业的销售收入在全部制造业销售收入中的占比情况。从表中数据可以看出，从1998年到2013年我国制造业产业最大的100家、200家和500家企业的销售收入占比，在经历了2000年和2001年短暂的提高过程后均出现了较大幅度的下降。在最大的100家企业方面，其销售收入所占比重在2000年达到最高值14.58%以后逐渐下降，到2013年仅为9%；最大的200家企业的销售收入所占比重在2001年达到

最高值 18.75% 后，也处于逐渐下降的趋势之中，到 2013 年降为
11.89%；最大的 500 家企业的销售收入所占比重在 2000 年达到最
高值 23.64%，随后持续下降到 2013 年的 14.89%。总体来看，表 4—1
与图 4—1 所反映的大体趋势是一致的，即整个制造业的产业集中度均
呈现下降的态势。

表 4—1　　　　　　　1998—2013 年中国制造业集中情况　　　单位：万亿元/%

年份	前 100 家企业		前 200 家企业		前 500 家企业	
	销售收入	集中度	销售收入	集中度	销售收入	集中度
1998	7.19	13.32	9.36	17.33	11.97	22.17
1999	8.00	13.60	10.47	17.79	13.35	22.69
2000	10.18	14.58	13.08	18.73	16.51	23.64
2001	11.07	14.38	14.43	18.75	18.16	23.59
2002	12.69	13.79	16.70	18.16	21.12	22.97
2003	16.04	13.46	20.54	17.23	25.78	21.63
2004	22.08	13.10	22.73	16.45	33.86	20.09
2005	26.86	12.90	33.92	16.29	41.97	20.16
2006	32.25	12.31	40.99	15.64	50.43	19.25
2007	39.56	11.60	50.63	14.84	62.57	18.34
2008	45.57	11.24	57.20	14.11	69.25	17.08
2009	43.59	11.72	54.85	14.75	66.32	17.84
2010	79.06	10.58	101.17	13.54	123.89	16.58
2011	70.28	10.02	91.45	13.04	112.79	16.08
2012	69.40	9.34	91.16	12.26	113.90	15.32
2013	78.18	9.00	103.28	11.89	129.29	14.89

资料来源：根据《中国工业企业统计数据库》相关数据统计计算而得。

二　中国工业行业集中度变化情况

在本部分的研究中，为了更加清楚地认识中国产业的垄断情况，下
面进一步利用"中国工业企业数据库"[①] 的相关数据，对工业中制造业

①　由于"中国工业企业数据库"缺乏 2013 年以后的资料，故此部分的研究期限为
1998—2013 年。

(%)

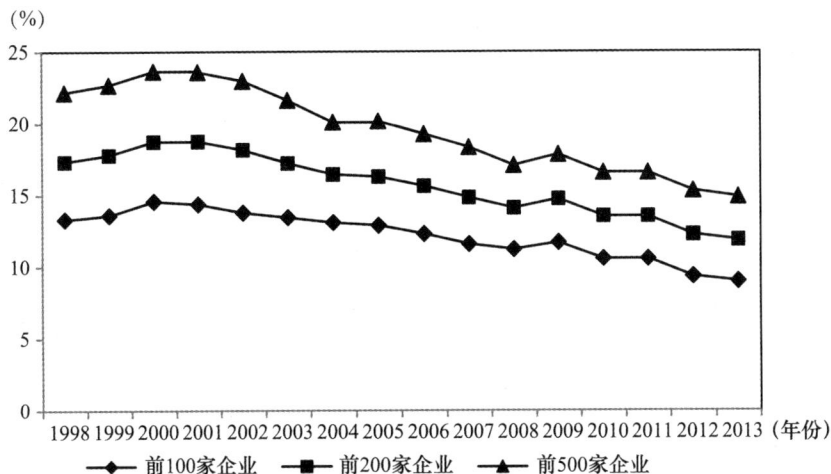

图4—2 1998—2013年中国制造业集中情况

资料来源：根据表4—1数据绘制而得。

各行业的产业集中度变化情况进行更加深入的分析。

从研究结果看，以制造业中各产业的 CR_4 和 CR_8 所衡量的产业集中情况也同图4—2和表4—1一致，呈现不断下降的态势。表4—2对我国制造业中以二维码分类的产业的前四位（CR_4）和前八位（CR_8）的集中度情况进行测算，表中列出了1998年和2013年 CR_4 和 CR_8 情况。1998年，我国制造业包括29个产业门类，2013年增加到31个产业门类。从表中可以看到，2013年与1998年相比，大部分产业的集中度情况都有所下降，在29个产业中，按照 CR_4 衡量的产业集中度有8个产业是提高的，按照 CR_8 衡量的产业集中度只有4个产业是提高的，大多数产业在这十几年中的产业集中度均处于下降的态势。而且值得注意的是，集中度下降的产业主要集中在以石化、金属、机械等为主的资本和技术密集型产业，与劳动密集型产业相比，下降幅度也相对较大。在 CR_4 指标方面，2013年和1998年相比，劳动密集型产业中有7个行业下降，有5个行业上升，上升的行业占42%左右；而资本和技术密集型产业中，只有3个行业的 CR_4 在2013年略有上升，仅占19%左右。可见，与劳动密集型产业相比，资本和技术密集型产业的垄断程度下降更为明显。

表 4—2   1998 年与 2013 年中国制造业集中度变化情况表

行业	1998 年		2013 年		产业集中度变化	
	CR_4	CR_8	CR_4	CR_8	CR_4	CR_8
农副食品加工业	3.65	7.36	2.33	3.72	-1.32	-3.64
食品制造业	5.17	10.35	5.92	8.23	0.75	-2.12
饮料制造业	8.92	14.71	8.11	12.59	-0.81	-2.12
烟草制品业	29.57	41.68	34.45	54.44	4.88	12.76
纺织业	2.35	4.28	7.95	9.27	5.60	4.99
纺织服装、鞋、帽制造业	3.59	5.85	3.70	5.49	0.11	-0.36
皮革、毛皮、羽毛（绒）及其制品业	6.71	10.66	3.86	5.62	-2.85	-5.04
木材加工及木、竹、藤、棕、草制品业	7.50	15.82	2.19	2.96	-5.31	-12.86
家具制造业	4.65	9.84	3.55	5.35	-1.10	-4.49
造纸及纸制品业	4.34	7.48	5.85	8.77	1.51	1.29
印刷业和记录媒介的复制	4.55	10.00	2.07	3.69	-2.48	-6.31
文教体育用品制造业	6.65	13.48	4.56	7.37	-2.09	-6.11
石油加工、炼焦及核燃料加工业	21.11	44.39	10.80	18.95	-10.31	-25.44
化学原料及化学制品制造业	7.60	11.29	2.60	4.34	-5.00	-6.95
医药制造业	7.12	14.39	5.45	7.64	-1.67	-6.75
化学纤维制造业	25.69	35.95	10.46	15.78	-15.23	-20.17
橡胶和塑料制品业	3.07	5.35	4.10	6.20	1.03	0.85
非金属矿物制品业	2.50	4.03	1.88	2.94	-0.62	-1.09
黑色金属冶炼及压延加工业	20.68	31.78	6.89	10.32	-13.79	-21.46
有色金属冶炼及压延加工业	9.26	17.53	10.40	15.24	1.14	-2.29
金属制品业	3.02	5.80	1.78	2.74	-1.24	-3.06
通用设备制造业	4.94	8.54	2.36	3.91	-2.58	-4.63
专用设备制造业	6.93	11.83	6.11	7.71	-0.82	-4.12
交通运输设备制造业	16.96	23.95	11.03	15.26	-5.93	-8.69

行业	1998 年		2013 年		产业集中度变化	
	CR_4	CR_8	CR_4	CR_8	CR_4	CR_8
电气机械及器材制造业	9.30	12.84	4.81	6.42	-4.49	-6.42
通信设备、计算机及其他电子设备制造业	19.02	28.80	8.67	14.40	-10.35	-14.4
仪器仪表及文化、办公用机械制造业	11.98	21.30	5.04	7.89	-6.94	-13.41
工艺品和其他制造业	5.07	8.69	6.38	9.17	1.31	0.48
废弃资源和废旧材料回收加工业			9.06	14.10		
金属制品、机械和设备修理业			16.53	25.73		

注：2013 年与 1998 年相比，制造业的统计部门进行了调整，合并了橡胶制品业和塑料制品业，增加了废弃资源和废旧材料回收加工业（统计代码为 42），以及金属制品、机械和设备修理业（统计代码为 43）。

资料来源：同表 4—1。

表 4—3 对 2013 年的 CR_4 和 CR_8 分布进行了更进一步的分析，从表中结果可以看出，按照 CR_4 计算的产业集中度中仅有烟草制品业的产业集中度在 20% 以上，其余的产业的集中度都处于 20% 以下，大多数在 10% 以内，按照 CR_8 计算的产业集中度，也仅有两个产业，即烟草制品业和废弃资源和废旧材料回收加工业的产业集中度达到了 20% 以上。由此可以看出，中国的产业集中度是非常低的。

表 4—3　　　　　　　2013 年中国产业集中度的分类结果表

集中度（%）	CR_4		CR_8	
	产业数量（个）	分布（%）	产业数量（个）	分布（%）
0—9.9	25	80.65	21	67.74
10—19.9	5	16.13	8	25.81
20—29.9	0	0	1	3.23
30—39.9	1	3.23	0	0
40—49.9	0	0	0	0
50 以上	0	0	1	3.23

资料来源：同表 4—1。

从行业分布上看，2008 年以来，中国 100 家最大的制造业企业基本上都集中在石油加工、冶金工业、机械电子、烟草加工等产业，而且自 2008 年以来，除化学工业的大企业数量有较明显的下降外，其他的数量变化不大。机械电子产业是中国制造业大企业最为集中的领域，其中的交通运输设备制造业和通信设备、计算机及其他电子设备制造业是大企业较多的产业；石油加工和冶金工业的大企业也较为集中，烟草加工产业的大企业数量也较多，而且在 2013 年还出现了增长。总体来看，石油加工、冶金工业、烟草加工以及化学工业都是国有企业相对较多的领域，这也在一定程度上说明了国有企业的垄断地位相对较高。

表 4—4　　2008—2013 年中国最大 100 家制造业企业的行业分布

行业	2008 年	2009 年	2011 年	2012 年	2013 年
石油加工	20	20	20	20	20
冶金工业	20	19	24	24	20
烟草加工	6	6	6	6	7
化学工业[a]	6	4	3	3	2
机械电子[b]	44	47	44	44	46
其他工业	4	4	3	3	5
总计	100	100	100	100	100

注：a 包括化学原料及化学制品、化学纤维、橡胶制品等；b 包括普通机械、专用设备、交通运输设备、电器机械及器材、电子及通信设备、仪器仪表及文化、办公用机械制造业等。

资料来源：同表 4—1。

三　中国产业垄断程度的国际比较

与发达国家相比的结果也显示，中国的产业垄断程度是相对较低的。表 4—5 是美国 1963—1992 年主要制造业的 CR_4 变化情况。从表中数据可以看出，与美国 1992 年主要制造业部门的垄断程度相比，中国 2013 年制造业的垄断程度明显偏低。1992 年美国大多数制造业部门的 CR_4 处于 30% 以上，但是中国的大多数制造业的 CR_4 都在 10% 以下，即使是 CR_8 也多在 20% 以内。由此可见，与美国相比，中国制造业的垄断程度是较低的。

如果对美国产业的垄断变化情况进行更进一步的分析还可以发现。1963 年时，美国的产业中，资本密集型和技术密集型产业的集中度要明显高于劳动密集型产业，但是到 1992 年，劳动密集型产业的集中度明显上升，而资本和技术密集型产业的集中度则不断下降，劳动密集型产业的垄断程度与资本和技术密集型产业已基本相当。在 1963—1992 年美国主要制造业部门的前四家企业的 CR_4 呈现出两个方面的变化趋势：一是大多数资本密集型产业的垄断程度在这 30 年的时间里均呈现下降的趋势，其中，石化工业的垄断程度下降最快；金属和电力行业的垄断程度下降也较为明显；机械行业稍有下降，降幅不大。二是大多数劳动密集型产业的垄断程度均呈现上升的趋势。其中，除烟草制品业外，食品、皮革及皮革制品、服装制品、家具等的垄断程度上升也较为明显。这与中国资本和技术密集型产业垄断程度下降更为明显这一特征是较为相似的，这或许是由于相比较劳动密集型产业而言，资本和技术密集型产业在这 30 年中的竞争更加剧烈，激烈的竞争导致了原有的垄断型企业垄断地位的下降，使产业的集中度出现分化的趋势，表现为前 4 位企业的市场占有率出现下降。

表 4—5   美国 1963—1992 年制造业 CR_4 变化情况

行业	1963 年	1971 年	1982 年	1992 年
食品	35	36.1	40.2	48.0
烟草制品	76	80.5	85	91.8
纺织行业	32	32.5	35.7	36.0
服装制品	16	22.5	23.7	29.5
木材制品	20.1	21.2	20.7	19.4
家具	18.8	19.2	22.7	29.3
纸及纸制品	30.7	31.5	31.9	37.9
印刷业	21.6	23.2	23.9	28.0
化学及化学制品	44.8	39.9	37.3	37.4
石油	33.6	31.6	28.4	30.7
橡胶和塑料制品	33.1	30.3	20.2	16.3
皮革及皮革制品	31.5	29.2	31.0	42.5

行业	1963 年	1971 年	1982 年	1992 年
玻璃和粘土制品	39.6	38.4	38.4	37.9
主要的金属工业	45.5	42.7	38.3	36.9
机械制造业	35.4	36.3	32.6	33.2
电力行业	49.6	50.2	41.8	42.5
运输行业	64.3	67.9	64.6	66.9
杂项产品	32.6	28.2	30.0	29.3

资料来源：美国统计局数据库。

综合以上分析可以看出，我国制造业的市场结构属于典型的高度分散的竞争型市场结构，从近些年产业集中度的变化上看，呈现出两个方面的特点：一是中国制造业的垄断程度较低，产业分散化程度较高；二是中国制造业的垄断程度在不断降低。不论是从整个制造业的角度进行衡量，还是从制造业中的各产业部门进行衡量，我国制造业的产业集中度在过去的十几年里都呈现出分散而且下降的趋势，即产业体系逐渐分散，产业的垄断程度趋于下降。

已有的研究显示，产业的垄断程度与经济发展程度之间具有一种"倒 U 形"关系，即在工业化的初期阶段，由于社会生产能力较低，企业规模普遍较小，这一时期的产业集中度相对较低，这时很少有大的垄断型企业的出现。随着工业化程度的加深，企业的规模效应逐渐显现，大企业可以因为规模的扩大使企业成本得以下降，促使经济效益不断提高，从而导致产业的集中度进一步增强，垄断型企业逐渐出现。但是随着经济发展程度的不断提高，产业的集中化程度反而会逐渐降低，大企业的垄断地位有所下降，企业呈现分散发展的趋势，从而使产业的集中化程度呈现出一个"倒 U 形"的发展态势。造成后期产业垄断的原因可能是多方面的，魏后凯曾从七个方面归纳了这其中的主要原因，主要包括企业规模经济和多样化发展的限度、反托拉斯政策的实施、逆工业化和制造业的空心化现象的出现、IT技术的出现、居民消费多样化，以及企业关注核心业务导致的服务外包的结果等。[1] 让·伊姆斯（Imbs J.）等人对 OECD 国家的研究也显示，随着经济发展和人均收入水平的提高，OECD 国家的产业体系也存在先分散后集中的 U 形特征。[2] 从前面 1998 年以来的对中国制造业产业集中的分析可以看出，中国制造业的产业集中度也出现了逐渐分散，企业垄断程度下降的状况。现有的一些研究成果也证明了中国产业集中"倒 U 形"。[3] 不过，从现有研究结果看，中国的产业集中较早地出现了分散的迹象。造成中国制造业产业集中较早出现分散的原因是多方面的，最主要的一个原因在于，中国的制造业主要垄断型企业都是一些国有企业，这从前面表 4—4 中对产业集中的产业分布分析中可以看出来，产业集中度高的产业均为一些国有企业集中的产业，如石油、化工、烟草等，因而中国产业集中程度的下降主要在于这些国有企业集中的产业领域集中度的下降，一方面是我国深入推进市场化改革，减少行政性垄断，促进商品和要素流动的结果，有学者的研究也证明这一个原因（沈春苗、黄永春，2016）；另一方面，国有企业普遍存在效率较低的问题，在市场化进程深入推进的过程中，随着一些民营企业的进入，国有企业的垄断地位逐渐出现下降的趋势。

---

① 魏后凯：《市场竞争、经济绩效与产业集中——对改革开放以来中国制造业集中的实证研究》，博士学位论文，中国社会科学院研究生院，2001 年。

② Jean Imbs and Romain Wacziarg，"Stages of Diversification"，*American Economic Review*，2003，93（1），pp. 63 – 86.

③ 参见郑适、汪洋《中国产业集中度现状和发展趋势研究》，《财贸经济》2007 年第 11 期；沈春苗、黄永春《产业集中度的 U 形演变规律在中国存在吗》，《财贸研究》2016 年第 2 期。

第五章

垄断对中国产业升级的
影响及其实证研究

第一节　垄断对产业升级影响的理论假设

前面将中国的产业升级划分为三个层次，即产业的产品升级、技术升级和产业结构的升级。已有的研究结果表明，垄断对产业的发展具有重要的影响作用，在产业升级的过程中，对产品、技术的升级以及产业结构的优化和升级都具有明显的影响。下面将通过实证分析，对垄断对产业升级不同层次的影响进行分析。

一　垄断对产品升级的影响

在不同的市场结构下，不同的企业会根据其所具有的市场地位采取不同的发展策略，以此加快或延缓产品升级的进程。新古典经济学认为，当企业拥有对某一产品唯一的卖者地位时，就可以通过价格歧视获得超额利润，这样，企业就会缺乏开发新产品或者通过提高产品的附加价值实现利润提升的动力。哈佛学派认为，在垄断市场条件下，企业的效率是低下的。因为寡占或垄断市场结构中，存在少数企业间的共谋，削弱了市场竞争，破坏了资源配置效率。虽然产品的升级可以提高其附加价值，提高产品的利润和企业的整体效益，但是，垄断企业可以凭借其垄断地位获得超额利润，同时提高进入的壁垒，阻碍其他企业的进入，维持其垄断地位。所以，垄断企业并不具有提高产品质量，推动产品不断升级的动力。

但是芝加哥学派则认为，垄断的形成是市场竞争下企业不断追求效率提升的结果，垄断的市场结构也是有效率的结构。面对激烈的市场竞争，垄断企业同样需要不断进行产品的创新发展，推动产品质量的提升以及附加价值的提高，这样才能进一步巩固其在某一产品上所具有的垄断地位。一些学者的研究结果也支持了这一观点。莫里斯·库格勒和埃里克·菲尔堆根（M. Kugler and E. Verhoogen）[1] 的研究结论显示，垄断企业可以利用企业规模经济上的优势，获得对中间产品质量及其价格上的控制权，从而达到提高自身产品质量的目的。约翰·萨顿（Sutton）[2]认为，由于存在学习效应，企业为了获得未来收益的增加，会加大对于中学的投资力度，这会增加企业的内生性沉没成本，提高企业的进入门槛并促进产业集中度的提高。因此，企业垄断性较强有利于企业学习率和劳动生产率的提高，也有利于企业产品质量的改善，推动企业的产品升级。平新乔、郝朝艳[3]的研究结果也表明，企业数目越少，每个企业制售假冒伪劣产品的机会成本也就越大，因而企业会更加重视产品的信誉、声望对消费者的影响，这有助于产品质量的提高。而且，对于存在行政性垄断的产业，具有行政性垄断地位的企业还可以通过提高价格等方式提升产品的利润率，这也会促进产业资产利润率的提升。由于我国尚处于市场经济不完善的阶段，行政性垄断现象还在不少产业存在，当我们采用利润率作为衡量产品升级的指标时，行政性垄断也会表现为对产品升级的促进作用。

根据以上分析，在此提出以下假设：

假设1a：垄断对产业的产品升级具有促进作用。

假设1b：行政性垄断可以通过提高产品的价格获取超额利润，对以利润率作为衡量指标的产品升级具有促进作用。

二　垄断对技术升级的影响

垄断对产业技术升级的影响一直是学术界关注的重点，经济学家们

---

①　M. Kugler and E. , "Verhoogen, Price, Plant Size and Product Quality", *Review of Economic Studies*, 2012, 79（1）, pp. 307 – 339.

②　J. Sutton, *Sunk Costs and Market Structure*, Cambridge：MIT Press, 1991.

③　平新乔、郝朝艳：《假冒伪劣与市场结构》，《经济学（季刊）》2002年第1期。

对此进行了大量的实证检验，并得出了两种截然不同的观点：一种观点认为，垄断会阻碍竞争机制作用的发挥，并降低企业的创新动力，不利于产业的技术进步。另一种观点认为垄断者进行技术创新是一种"自我替代"，垄断企业创新前与创新后的产品之间具有替代性，是一种自我竞争；而竞争性企业通过技术创新则可能成为新的垄断者，取代在位垄断者，实现"创新替代"。[1] 因此，一般来说，垄断者创新的收益会少于竞争性企业，竞争性企业进行技术创新的动力更强，垄断者总是容易"吃老本"。[2]

与此相反的观点则认为，垄断利润是刺激企业进行创新的动力，而只有垄断型的大企业才有能力负担企业技术创新所需要的研发项目费用。[3] 因而，垄断条件下产业的技术创新动力更强。阿罗等人的研究之所以得出垄断阻碍技术升级的结论，是因为其研究忽视了垄断和竞争两种市场的定价以及产量上的差异，是在不对称、不可比的基础上比较垄断和竞争的，如果对两种企业做出产量规模相等的假设，就可以得出垄断对创新的激励大于竞争激励的结论。[4] 垄断企业不仅可以为创新提供更加充足的资金保证，同时创新水平的提升还会强化企业的垄断地位，而对这种垄断地位提升的预期又会进一步激励企业进行技术创新[5]。尤其在知识经济时代，随着企业创新压力的加大，以及创新速度和知识传递速度的加快，使市场的竞争压力更大，在这样的背景下，垄断不仅不会阻止技术创新，反而更有利于促进企业技术创新的开展（刘茂松、陈素琼）[6]。同时，在互联网经济下，由于产品或服务的价值与使用它的用户的数量之间具有正反馈的机制，还会导致市场垄断力量的不断强

---

① Kenneth J. Arrow, The Economic Implications of Learning by Doing, *The Review of Economic Studies*, 1962, 29 (3), pp. 155 – 173.

② Jean Tirole, *The Theory of Industrial Organization*, Cambridge：MIT Press, 1988.

③ 熊彼特：《经济发展理论》，何畏等译，商务印书馆1990年版。

④ Harold Demsetz, "Information and Efficiency：Another Viewpoint", *Journal of Law and Economics*, 1969, 12 (1), pp. 1 – 22.

⑤ Paolo G. Garella, "Monopoly incentives for cost-reducing R&D", *Economics Letters*, Elsevier, 2012, 117 (1), pp. 21 – 24.

⑥ 刘茂松、陈素琼：《知识经济时代技术创新与垄断结构关系研究》，《湖南师范大学社会科学学报》2006年第3期。

大，存在"大者愈大、强者愈强、富者愈富"的现象（江小涓，2017）①。不过，在中国，由于一些产业存在着较为明显的行政性垄断现象，在行政力量的保护下，这些企业必然缺乏竞争的压力，也因此缺乏技术创新的动力。

由此可以提出假设 2：

假设 2a：垄断对产业的技术升级具有促进作用。

假设 2b：行政性垄断对产业的技术升级具有阻碍作用。

三　垄断对产业结构升级的影响

产业结构的调整从本质上说是生产要素流动的结果，即在市场经济的作用下，生产要素由低附加值环节和领域向高附加值环节和领域转移，使生产要素在整个国民经济各产业之间及其内部的配置结构发生了变化，由此导致产业结构的变动。影响产业结构升级的因素是多方面的，垄断正是通过对这些因素的影响而间接地作用于产业结构升级的进程。其中最显著的作用是通过对创新的影响而实现的。创新是推动产业结构升级的一个最主要的原因，创新可以促进产业劳动生产效率的提高，提升产业的经济效益，使生产要素向技术水平高的产业集聚，进而推动整个产业结构发生变化。创新还可以改变各种生产要素，尤其是劳动力和资本的相对边际生产率，使生产要素之间实现替代②，当资本或技术更多地替代劳动力成为主要的生产投入要素时，产业结构就会由劳动密集型向资本或技术密集型的方向演进。此外，创新可以促进新产品的产生或推动原有产品性能的改善，使产品的需求弹性发生变化，从而吸引更多的生产要素向具有更高技术含量的产业领域集聚，由此推动产业结构由低技术领域向高技术领域的升级。虽然学术界目前关于垄断对企业技术创新的影响程度尚存有争议，但大多数研究均肯定了影响作用的存在。垄断通过影响企业的技术创新活动，就会间接地影响到企业产品的供给和技术效率的改进，进而对产业结构的调整产生影响。同时，垄断还可以通过影响新投资者的进入来推动或延缓产业结构升级的进程。一般来

---

① 江小涓：《高度联通社会中的资源重组与服务业增长》，《经济研究》2017 年第 3 期。

② ［英］约翰·希克斯：《经济史理论》，厉以平译，商务印书馆 1999 年版。

说，垄断的市场结构由于具有较高的产业门槛和沉没成本，会制约新投资者的进入，从而减缓产业产业结构升级的步伐。但是，正如前面所指出的，具有行政性垄断地位的企业由于缺乏竞争压力，会阻碍产业的技术升级，因此不利于产业的结构升级。而且行政力量的干预会导致资源配置的扭曲，资源的配置效率会相对较低，由此导致产业合理化程度的下降①。由于我国存在较明显的行政性垄断现象，因此，在我国，垄断可能会对产业结构升级产生负面影响。

通过以上分析可以提出假设3：

假设3a：垄断对产业结构升级具有负面影响。

假设3b：行政性垄断会阻碍产业的结构升级。

第二节　垄断对中国产业升级
影响的计量检验

一　模型设定、指标选择及数据说明

在以上假设的基础上，通过实证分析研究垄断以及行政性垄断对中国产业升级的影响。由于本书将产业升级的内涵界定为三个层面的内容，为此，被解释变量选择工业资本利润率、工业劳动生产率以及 TS 指数和 TL 指数来衡量产业的产品升级、技术升级和产业结构调整。解释变量包括两个指标：一是选用工业 HHI 系数作为衡量产业垄断程度的指标；二是选用国有经济在工业产值中的比重，作为衡量行政性垄断的指标。构建如下模型：

$$(ProUP, TecUP, TS, TL)_t = c_i + \beta_1 HHI_t + \beta_2 State_t$$
$$+ \sum \alpha_i control + u_t \qquad (1)$$

其中，t 表示年代，$ProUP$、$TecUP$、TS、TL 分别代表我国产业的产品升级、技术升级、TS 指数和 TL 指数，HHI 是中国工业的 HHI 系数，$State$

---

① 参见林毅夫《繁荣的求索：发展中经济如何崛起》，北京大学出版社 2012 年版。

是国有经济比重①，control 为控制变量，u 为随机扰动项，c_i 是无法观测的个体效应。其中，产业的产品升级、技术升级分别由工业资产利润率②和工业劳动生产率计算而得。

同时，产业升级还会受到其他因素的影响。产业经济学理论认为，一个国家产业的发展及其结构的调整会受到供给侧和需求侧因素的共同作用。在供给侧方面，自然和资源禀赋、人口、技术的进步、资金、政府的政策等都可以促进产业结构的变化和产业的整体发展；从需求侧看，居民收入水平的提高、国外需求的变化以及国际投资等都是影响产业发展的主要因素，因此，需要设立相应的控制变量。综合各种因素，同时考虑数据的可得性，最终选择技术进步（万人专利授权量，Innov）、资金投入③（资金投入的增速，K）、对外贸易（货物进出口增速，Trade）、国际投资（外商投资增速，ForInv）以及居民收入水平（居民可支配收入增幅，Incom）等作为控制变量。根据公式（1）可以得到如下计量回归模型：

$$(ProUP, TecUP, TS, TL)_t = c_i + \beta_1 HHI_t + \beta_2 State_t + \beta_3 Innov_t$$
$$+ \beta_4 K_t + \beta_5 Trade_t + \beta_6 ForInv_t$$
$$+ \beta_7 Incom_t + u_t \qquad (2)$$

本书所需数据均来自《中国统计年鉴》《新中国五十五年统计资料汇编》《中国工业统计年鉴》等官方统计资料，时间维度为 1985—2018 年。主要变量的描述性分析如表 5—1 所示。同时，为去除不同变量之

---

① 本节所指的国有经济包括了国有企业、集体企业、国有联营企业、集体联营企业、国有与集体联营企业，以及国有独资公司等。

② 在工业资产合计指标方面，由于 1995 年以前缺少专门的资产合计分类，对此采用流动资产合计与固定资产合计的总和计算而得。

③ 对资本的测算采用永续盘存法进行，其基本公式为：$k_t = (I_t + p_t) + (1 - d_t) K_{t-1}$。式中，$k_{t-1}$ 表示第 $t-1$ 年的资本存量，I_t 是第 t 年的资本存量，d_t 表示第 t 年的投资，p_t 表示第 t 年的折旧率，为各年的固定资产投资价格指数。基期（1978 年）的资本存量，采用《新中国五十五年统计资料汇编》中公布的 1952 年以来的全国固定资本形成总额测算而得。固定资产投资价格指数 1990 年以前的数据采用张军测算的上海市固定资产投资价格指数，1990 年以后的数据，根据国家统计局公布的固定资产投资价格指数进行推算。折旧率方面，在综合王小鲁（2000）、张军（2005）、冯晓、朱彦元等人的研究成果后定为 5%。当年投资采用资本形成总额。

间的量纲影响，减少变量的变异程度，在进行计量分析之前，先采取 Min-max 标准化方法对数据进行标准化处理。

表 5—1　　　　　　　　　　　　主要变量的统计描述

变量	观测值	均值	标准差	最小值	最大值
ProUP	31	5. 952	3. 013	1. 374	12. 295
TecUP	31	3645. 461	2927. 692	656. 779	10184. 100
TS	31	0. 841	0. 050	0. 666	1. 227
TL	31	0. 235	0. 132	0. 118	0. 316
HHI	31	0. 059	0. 027	0. 0399	0. 126
State	31	53. 972	33. 097	8. 893	98. 803
Innov	31	2. 362	3. 189	0. 001	11. 618
K	31	10. 520	2. 226	7. 509	14. 669
Trade	31	20. 184	19. 536	− 16. 270	80. 835
ForInv	31	18. 652	34. 958	− 16. 315	135. 847
Incom	31	13. 459	6. 397	5. 131	35. 648

二　实证结果与解释

为了清楚各解释变量对被解释变量的影响，本书分别检验了 *HHI* 系数和国有经济比重对产业升级各变量的影响。表 5—2 是分别对 *HHI* 系数和国有经济比重影响进行检验的结果。在各控制变量依次带入后，各解释变量估计系数的正负号与显著性均没有发生明显变化，这说明各变量的估计系数具有较好的稳健性。

表 5—2　　　　　　　　　　产业升级影响因素的估计结果

自变量	*ProUP* (1)	*TecUP* (1)	*TS* (1)	*TL* (1)	*ProUP* (2)	*TecUP* (2)	*TS* (2)	*TL* (2)
	0. 665 **	− 0. 187 **	− 0. 228 **	− 0. 317 **				
					0. 671 **	− 0. 414 **	− 0. 745 **	− 0. 602 **
	− 0. 158 *	− 0. 05	− 0. 167 *	− 0. 024	0. 294	0. 606 **	− 1. 087 **	0. 650 **
	0. 244 **	0. 721 **	0. 834 **	− 0. 872 **	1. 014 **	0. 035 *	− 0. 371 **	− 0. 366 **

续表

自变量	ProUP (1)	TecUP (1)	TS (1)	TL (1)	ProUP (2)	TecUP (2)	TS (2)	TL (2)
	0.709**	0.208**	−0.117	−0.06	0.058	−0.019	0.255**	0.116
	0.102	−0.06*	0.052	0.146	−0.029	0.001	0.223*	0.073
	−0.01	−0.03	0.033	0.061	−0.200	−0.003	0.062	−0.094
R^2	0.900	0.976	0.842	0.754	0.598	0.995	0.826	0.902
F 值	45.998**	207.52**	27.550**	16.296**	8.442**	960.21**	24.771**	47.275**

注：***、**、*分别表示1%、5%、10%的显著性水平。

从实证结果可以看出：

第一，HHI 系数和国有经济比重对中国产业的技术升级和结构升级具有负向作用。从实证研究结果看，HHI 系数和国有经济比重对中国产业的技术升级和结构升级均具有显著的负向影响。因此，假设2b、3a、3b 成立，假设2a 不能成立。这说明，在中国，垄断程度的提高不利于产业的技术升级和结构升级。这与竞争性市场机制下垄断对产业发展影响的大多数研究结论是不一致的，究其原因，与中国的垄断更多为行政性垄断具有密切关系。本书对 HHI 系数与国有经济比重之间的相关性进行了检验，两者之间相关系数达到0.689，且在5%的水平下显著。这说明，HHI 系数的大小在很大程度上是由国有经济比重的高低所决定的。目前，我国工业领域具有较高集中度的产业都是国有经济比重较高的产业，如烟草加工业、石油加工、黑色金属冶炼及压延加工业等。在行政力量的保护下，国有经济对加快产业技术创新的热情较低，不利于中国产业的技术升级，这也间接地制约了产业资源向技术含量较高领域的集中，导致资源配置效率的低下，不利于产业结构的升级。

第二，HHI 系数和国有经济比重对产品升级具有正向影响。实证研究的结果显示，HHI 系数和国有经济比重对以资产利润率作为衡量指标的产品升级均具有显著的正向影响。这说明，两项指标均可以使企业获得更高的利润率，提高产业的获利能力。假设1a、1b 可以成立。但是，如果将两项指标对技术升级的负向影响加以综合考虑的话，就可以发现，这两项指标对产品升级的正向影响并不是通过推动技术进步提升产品附加值而实现的，而是国有企业运用垄断地位获得超额利润的结果。
这也说明，采用资产利润率作为衡量产品附加价值的指标具有一定的局
限性，容易导致对产品附加值的一种误读，在分析的时候必须将产业的
技术升级情况作为参考，将两者综合以后才能明确产品升级的真正
原因。

　　第三，减少行政性垄断是促进中国产业升级的关键。从现有的研究
结果看，HHI 系数和国有经济比重对中国产业升级的大多数指标均具有
显著的阻碍作用，即使是具有正向影响的产品升级，也不是真正意义上
产品附加价值提高的结果，而是通过损害消费者福利，获得超额利润来
实现的。因此，要推动中国的产业升级，必须减少行政性垄断，这样才
能有效促进产业的技术进步，提高产品的附加价值，加快产业结构的优
化和升级。

第三节　行政性垄断对中国产业
升级的阻碍影响

　　2008 年国际金融危机以来，中国经济在国际经济发展低迷、国内
经济发展矛盾不断累积、发展红利逐渐丧失，以及"三期叠加"的发
展背景下，进入了经济新常态的发展阶段。2015 年 11 月，在中央财经
领导小组会议上，习近平总书记首次提出了加快供给侧结构性改革的重
要目标，并围绕这一总目标提出了"三去一降一补"的五大重点任务。
供给侧结构性改革目标的提出，其实质是对中国产业结构失衡情况的一
种回应，这种结构性失衡是中国产业升级滞后的表现。造成中国产业结
构失衡的原因是多方面的，市场垄断也是其中的一个主要因素。尽管中
国的市场垄断程度是相对较低的，但是，由于市场机制的不够完善，政
府公权力与经济领域的干预还较为普遍，这导致了中国行政性垄断在不
少产业领域的存在，而这恰恰是造成中国产业结构失衡的根本原因，阻
碍了中国的产业升级。

一　中国产业结构性失衡的主要表现

改革开放以来，随着企业积极性的不断激发，以及市场经济体制的逐渐建立和完善，我国经济在过去的 40 年里得到了迅猛的发展，造就了"中国奇迹"的出现。当前，中国已经是世界第二大经济体，2016 年经济总量已占世界经济总量的 14.84%，对世界经济增长的贡献率达到 30% 以上。但在国内外多重发展压力的作用下，中国的经济增长速度一度出现逐年下降的态势，2012 年经济增速下降至 8% 以下，2015 年已经降低到 7% 以下，为 6.9%。而传统的刺激中国经济增长的方式目前已难以奏效，单纯从需求端的投资、消费和出口方面入手，依靠货币政策和财政政策扩大需求总量，都难以从根本上解决中国经济增长乏力的问题，产业的长期结构性失衡成为这一阶段的主要原因。概括来讲，主要体现在以下几方面：

1. 投资规模的扩大与产业经济效益的递减

在过去的十几年里，中国的投资规模不断扩大，在投资、出口、消费这传统的"三驾马车"中，投资对中国经济增长的贡献率逐年升高，曾一度达到 70% 左右，成为推动中国经济增长的第一驱动力。2008 年以来，为了应对世界金融危机的影响，中国政府更是出台了四万亿的刺激政策，用于减少世界金融危机可能对中国经济增长造成的冲击，保持经济的持续增长，2009 年，投资对中国经济增长的贡献率更是高达 86.5%。

但是，在投资规模不断扩大的同时，产业的经济效益却在逐渐降低，投资的边际效益逐渐减少，投资对经济增长的拉动作用不断缩小，2008 年四万亿刺激政策的出台，虽然在短期内使中国经济维持了一定的增长速度，但效果仅维持了 2 年[1]，此后，投资对中国经济增长的贡献率逐渐下降，2016 年仅为 42.6%，而且进一步加剧了中国经济中的失衡状况，造成了较为严重的产能（尤其是低端产能）的过剩。与此同时，杠杆率高企已经成为中国经济发展中的巨大隐患。中国 1949—

---

[1]　Min Ouyang, Yulei Peng, "The Treatment-Effect Estimation: A Case Study of The 2008 Economic Stimulus Package of China", *Journal of Econometrics*, 2015, 188 (2), pp. 545–557.

2008 年货币投放累计 47 万亿，而 2009—2012 年四年就投放了 50 万亿，超过前 59 年的总和。据麦肯锡的研究分析，危机之前，中国债务/GDP 的比重从 2000 年的 121% 缓慢上升到 2007 年的 158%，但 2008 年后却迅速上升，到 2014 年已经达到了 282%，超过了美国、德国等发达经济体的水平，其中几乎有一半的贷款流入了地产及其相关产业。而且，尤其值得注意的是，中国非金融部门借贷比例占 GDP 的比重过高，实体经济的债务负担远高于欧美国家① （如图 5—1 所示）。

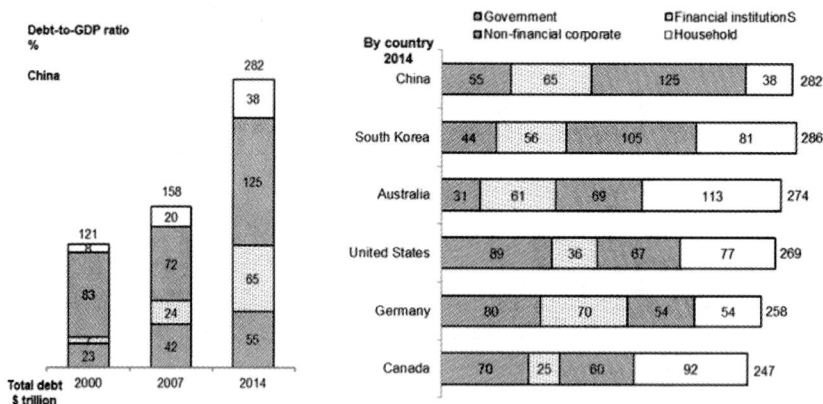

图 5—1　中国及世界主要国家债务总量及结构图

注：图中各数据加总与总和不符是由于四舍五入的原因。

资料来源：麦肯锡研究院：Putting China's Debt Into Perspective。

2. 生产供给总量的持续扩大与国内消费增速的持续递减

改革开放以来，我国的生产效率迅速提升，产业供给能力大幅增长，2018 年中国经济总量突破 90 万亿元，按当年汇率计算，达 13.17 万亿美元，与排名第一的美国 19.56 万亿美元相比，相差 6.39 万亿美元。图 5—2 是中国和美国 1960—2018 年历年的 GDP 变化情况，从中可以看出，中国与美国的经济总量的差距在近些年正逐渐缩小。英国研究机构"经济与商业研究中心"（Centre for Economics and Business Re-

---

① 徐伟：《周小川、徐绍史出招"去杠杆"》，《新京报》2016 年 3 月 21 日。

search，简称 CEBR）2017 年 12 月 26 日发布的报告预测，中国将在 2030 年取代美国成为世界第一大经济体。2017 年 10 月 18 日，美国彭博新闻社（BloombergNews）专栏作者诺亚·史密斯发表（NoahSmith）文章《谁是世界第一大经济体？美国不是》，认为中国经济在多方面赶超美国且差距正在拉大。他同时认为，虽然根据世界银行的数据，2016 中国 GDP 以市场汇率计算位居世界第二位，但是，由于发展中国家物价通常低于发达国家，这样计算得出的发展中国家国内生产总值会较低，而如果以购买力平价计算，2016 年中国 GDP 为 21.4 万亿美元，超过美国。2016 年中国的出口额约为 2.1 万亿美元，高于美国的 1.47 万亿美元，中国制造业产值则在近 10 年前就超过美国。而且中国人均收入处于中等水平，有充足的增长空间，且人口庞大，整体经济力量更强。虽然近两年中国经济增速放缓，但依然保持着 6% 以上的增长率，而美国仅为 2% 左右；如果这一差距持续下去，不到 20 年中国的经济总量就将是美国的两倍[①]。虽然对于这些预测和评价我们应该保持一个谨慎的态度，但是毋庸置疑的是，中国在过去的近 40 年时间里，经济规模迅速提高，产业供给能力得到大幅提升。据统计，2013 年年底，

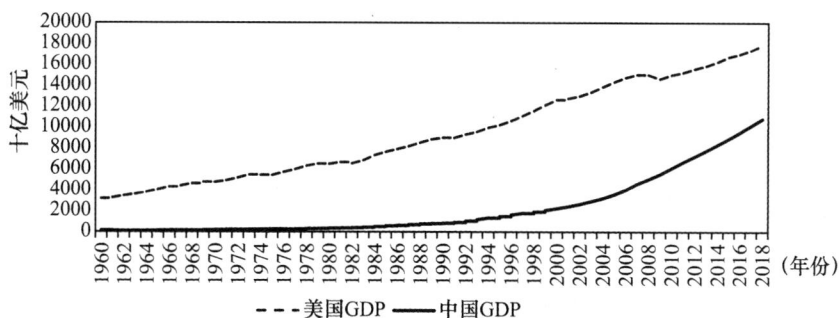

图 5—2　中国和美国 1960—2018 年 GDP 总量情况

注：中国和美国 GDP 数据均按照 2010 年不变价美元计算。

资料来源：世界银行数据库。

---

① http：//ex. cssn. cn/xspj/gjsy/201710/t20171027_ 3684502. shtml.

在世界 500 种主要工业品中，中国有 220 种产品的产量位居全球第一，不仅在生铁、煤炭、粗钢、船舶、水泥、化肥、汽车、手机、彩电等产品的生产规模上已位居第一，而且在激光技术、反卫星武器技术、高速铁路技术、航天技术、量子通信等先进技术方面也处于领先地位。

但是，强大供给能力并没能完全满足国内的消费需求，近些年我国社会消费品零售总额的增速呈现出逐年走低的情况，已由 2010 年的 18.3% 降低到 2018 年的 9.0%，表明我国消费的增长速度正在逐渐放缓。同时居民的消费倾向也在不断降低，有研究表明，自 1991 年以来我国各省域居民的边际消费倾向均呈现下降趋势，尤其是北京、河北、福建、江苏等东、中部地区，边际消费倾向下降幅度较大。[①] 但与此同时，我国在海外的消费十分火热。据世界旅游业理事会（The World Travel & Tourism Council，WTTC）的调查，近些年中国的海外消费增长十分迅速，2018 年中国游客在境外消费达到 1613 亿美元（见图 5—3），增长最快的 2012 年，中国居民境外消费增速一度高达 64.41%。尤其是在奢侈品消费方面，Bain Company 统计数据显示，2018 年中国已经成为全球第一大奢侈品购买国，中国人奢侈品消费金额约占全球 33%，2012 年至 2018 年，全球奢侈品市场超过一半的增幅来自中国。中国国内消费增速的持续递减以及国外消费的持续高涨，充分说明了中国的产业供给结构与消费结构之间存在错配的现象，产品的档次、质量、科技含量等难以满足国内消费者的需求，产业升级缓慢、技术创新不足、低端产品严重过剩，也就是说供给结构的调整滞后于消费结构的升级，有效供给存在不足。

3. 经济发展阶段的提高与产业结构调整的缓慢

随着经济规模的不断扩大，中国的经济发展阶段也随之提升，目前，从人均 GDP 上看，中国虽然与发达国家之间的差距还十分明显，但也已经进入了中等收入国家的行列。2018 年，中国人均 GDP 为 9780 美元，按照世界银行 2018 年最新人均国民总收入的分组标准，高收入国家为 12476 美元以上，中等偏上收入国家为 4036—12475 美元。

①　徐春华：《对外开放、房价上涨与居民边际消费倾向》，《国际贸易问题》2015 年第 1 期。

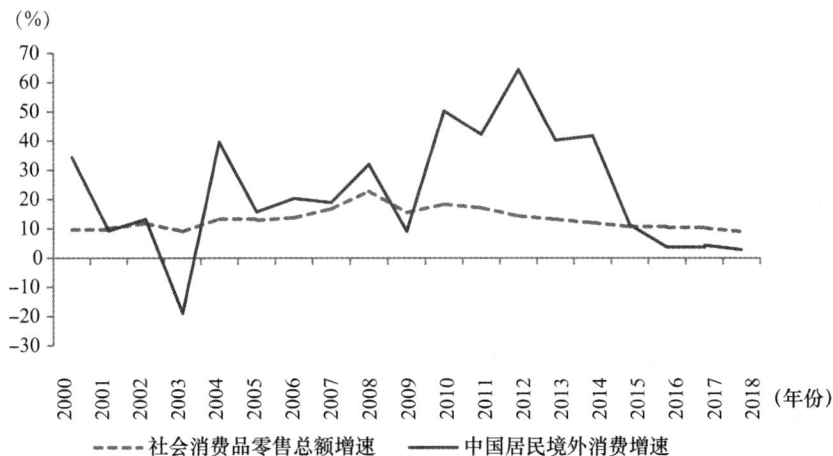

图5—3　社会消费品零售总额增速与居民境外
消费增速比较

资料来源：《中国统计年鉴》历年数据、WTTC数据库。

经济的发展不仅是经济总量的扩大，更需要产业结构能够随着经济总量的扩大实现调整和升级，突出的表现就是第三产业比重的升高，以及第二产业比重的下降。但是，从中国三次产业之间的发展上看，长期以来，我国的经济过度依赖第二产业、特别是重化工业的发展，第三产业发展相对滞后，虽然近些年来，在国家促进三次产业之间协调发展的政策推动下，第三产业得到了长足的进步，但是与我国的发展阶段相比，第三产业发展仍存在滞后现象。2018年中国三次产业占GDP的比重分别为7.2%、40.7%和52.2%。而据世界银行的统计，2016年全世界第三产业占GDP的平均比重为69.1%，其中中等偏上收入国家的第三产业比重平均为59.0%，在世界发达国家，第三产业的比值甚至高达80%以上。在图5—4所列出的世界G20个国家中，中国的第三产业占GDP的比重仅高于印度、印度尼西亚和沙特，位列倒数第四。由此可见，中国第三产业发展存在较为明显的滞后性，不仅大大低于美国、日本、英国等发达国家，与巴西、南非等国相比也存在较大的差距，与中国的经济发展阶段不相适应。同时，在各个产业内部还存在着创新能力不强、产能过剩现象严重、内部结构升级缓慢、产品结构难以满足居民消费需要等一系列的问题。

(%)

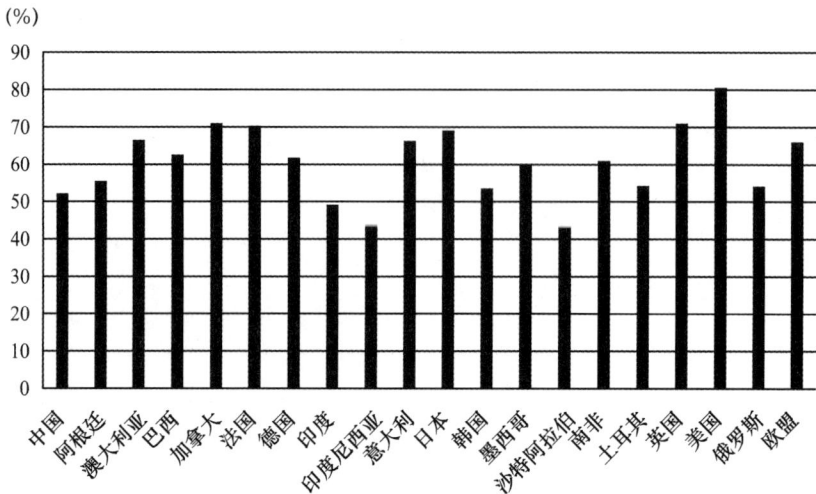

图5—4　2018年世界部分国家第三产业占GDP比重情况

注：加拿大数据采用"加拿大统计局"相关数据计算而得；日本为2017年数据。

资料来源：世界银行数据库。

二　行政性垄断是造成中国产业结构性失衡的主要原因

中国产业存在的结构性失衡现象对产业升级提出的要求，也反映出中国产业升级相对滞后的矛盾和问题。当前提出的供给侧结构性改革的根本目的就是要从产业的结构调整入手，优化要素配置效率，扩大有效供给，提高产业供给结构的适应性和灵活性，提升经济增长的质量和效益。而完善的市场机制是促进产业供给结构能够顺利实现升级的前提和保障。在市场经济较为发达的国家和地区，由于价格的传导机制较为通畅，因此产业升级可以通过价格机制进行自动的调整，促进资源向生产效率较高、产品附加价值较高的领域集中，从而实现产业从产品、技术到结构整体升级的目的。而在市场机制不完善的国家和地区，价格的传导机制被阻塞，产业的升级无法通过正常的价格传导机制作用于企业，难以实现产业结构优化、产品结构升级、技术创新能力提升的改革目标，同时也成为中国出现产业结构性问题的重要原因。

在我国，由于市场体系尚不健全，政府对经济的干预较多，导致了较为严重的行政性垄断的存在，阻碍了市场机制作用的正常发挥。在激烈竞争的市场中，一些企业由于具有较为先进的技术、管理经验或规模优势，从而获得了较高的利润，并促进了市场集中度的提高，从而形成了经济性的垄断。虽然主流经济学认为经济性垄断的存在也会阻碍技术创新的推进，降低经济增长的质量和效益，但是，不少研究却表明，经济性垄断的企业为了维持其在竞争性市场中的地位，往往会采取有效的技术创新推动生产效率的提高，从而有助于经济的进步和繁荣[1]。行政性垄断则与经济性垄断不同。行政性垄断本质上是一种体制现象，它是依赖政府部门的行政权力建立起来，并通过行政手段来实现的一种垄断形式，各种形式的行政性垄断均具有明显的超经济强制性，它破坏了市场竞争秩序，违背了市场的自由和平等竞争原则，造成政府与企业的角色错位，进而导致了经济的低效率[2]。当前中国产业发展中出现的结构性失衡问题，大多都与行政性垄断具有直接的关系。

行政性垄断在经济活动中存在着大量的两难冲突，从供给角度来看，对于给定的资源，一个企业是生产 A 产品还是生产 B 产品，或者两种产品各生产多少，就是一种两难的冲突。在自由竞争的市场机制下，生产什么、生产多少，都可以在价格机制的作用下得以反映，企业可以根据价格信号明确消费者的需求动向，从而根据需求的变化决定生产的种类和数量，并根据市场所决定的要素价格对生产要素进行最优配

---

[1]　按照熊彼特的观点，资本主义在本质上是一个创造性的毁灭过程，完全竞争不利于激励创新活动和经济进步。现代大企业由于它产出数量的巨大，它的需求状态和成本状态比完全竞争制度下同一产业部门的需求状态和成本状态更为有利。此后 J. K. 加尔布雷斯（J. K. Calbraith）（1951）、德姆赛茨（1969）、费德里科·埃特罗（Federico Etro）（2004）、尤舍·科瓦克（Eugen Kovac）、维亚切斯拉夫·维诺格拉多夫（Viatcheslav Vinogradov）、克里西米尔·齐吉奇（Kresimir Zigic）（2006）以及保罗·G. 加雷拉（Paolo G. Garella）（2012）等学者围绕熊彼特的观点展开了更为深入的实证分析，他们的研究从不同的层面证明了经济性垄断对创新具有正效应，有利于经济的快速发展。

[2]　杜传忠：《对垄断及其效率的再认识——兼论我国〈反垄断法〉实施的目标取向》，《中州学刊》2008 年第 6 期。

置，促进资源向生产效率和产品附加价值高的产业领域领取。因此，越是竞争激烈的市场，资源的配置效率也越高，资源的边际产出也会越大，而产业的内在结构也会处于协调的状态，产业的附加价值和技术创新能力也会相应得到提升，这个国家或地区在全球产业价值链中的地位也会不断攀升。但是当市场机制不完善，存在大量的行政性垄断时，在行政性力量的保护下，企业的行为就可以不受市场规律的影响，价格机制难以正确反映市场的供需矛盾，无法自动实现市场出清，从而使生产要素不能向经济效率更高、大众需求更多的产业领域集中，而且阻碍了产业的升级，降低了对资源的配置效率和经济运行的整体质量。于良春和张伟对中国电力、电信、石油及铁路四个典型的行政性垄断行业所导致的资源配置效率降低的程度进行了估算，其分析结果显示，无论是在微观层面，还是在产业以及宏观层面上，行政性垄断均造成了巨大的效率损失，而且这一效率损失占 GDP 的比重还有不断增长的趋势。① 那些原本应该通过市场机制被淘汰的企业不能自动退出市场，会逐渐演变成为市场中的"僵尸企业"。这类企业技术创新动力不足、企业经济效益较低、劳动生产率不高，不仅造成了大量的社会资源的浪费，产生了很多的过剩产能和库存，也降低了整个经济的运行质量和效益。同时，现有的研究还表明，由于存在"预算软约束"，国有企业还会出现大量贷款的现象，因为企业不需承担或承担着较小的偿还责任②，这也是我国企业杠杆率高企的重要原因之一。因此可以说，市场机制的不完善所导致的大量行政性垄断，是中国产业存在结构性矛盾的深层根源。在当前推进供给侧结构性改革的进程中，如果仅靠降低税收、实行稳定的货币政策等供给侧的政策推动，而缺乏完善的以市场机制为基础，就难以有效地解决当前中国产业中存在的结构性失衡问题，阻碍供给侧结构性改革目标的顺利实现。

以上的分析表明，行政性垄断的存在是造成中国产业结构性失衡，

---

① 于良春、张伟：《中国行业性行政垄断的强度与效率损失研究》，《经济研究》2010 年第 3 期。

② Monga, C., *L'argent des autres-Banques et petites entreprises en Afrique: le cas du Cameroun*, Paris: LDGJ-Montchretien, 1997. 转引自林毅夫《繁荣的求索：发展中经济如何崛起》，北京大学出版社 2012 年版，第 158 页。

阻碍产业升级进程的主要根源，为此，必须要加强市场化建设，从降低行政性垄断现象入手，将此作为促进我国产业升级目标顺利实现的重要保障和突破点。

第六章

减少行政性垄断促进中国
产业升级的对策研究

本书从对产业升级内涵的界定入手，将产业升级界定为三个层面的内容，即产品升级、技术升级和产业结构的升级。以此为基础，对中国工业领域的产品升级、技术升级和产业结构的总体升级状况进行了描述。总体来看，除产品升级近些年出现一定程度的下降外，产业的技术升级和产业结构的升级均呈现明显向好的趋势。随后，以 *HHI* 系数和国有经济比重为自变量指标，实证研究了垄断和行政性垄断对产业升级三个层面的影响。通过以上研究，本书得出六方面的主要结论，并根据研究结论提出规避行政性垄断，促进中国产业升级的对策，同时也指出了本书研究中存在的不足以及未来进一步改进的方向。

第一节　主要结论

本书的结论主要包括以下几方面：

一　中国产业升级包括三个层面的升级

本书指出，传统的以产业结构调整为主的产业升级内涵认识具有片面性，没有深刻地把握住产业升级的根本目的，难以有效推动中国的产业升级进程。对此，本书从对世界产业发展的趋势研究入手，根据对产业升级本质目的的把握，指出应从三个层面来认识和理解产业升级的内涵，即产业的产品升级、技术升级和整个产业结构的升级。其中，产业的产品升级，即由过去的生产低附加值产品向生产高附加值产品的升

级；产业的技术升级，即产业由低技术水平向高技术水平的演变，这是
产业劳动生产效率提高的关键；产业结构的升级，即产业结构的优化和
调整，从世界产业结构演进的规律看，主要体现在第三产业以及高新技
术产业比重地不断提高上。

二　改革开放以来中国产业升级取得了较为明显成绩，但近些年升级增速有所放缓

本书通过工业总资产利润率、劳动生产率、产业泰尔系数和 TS 指
数（第三产业与第二产业的产值之比）等指标，对中国改革开放以来
的产业升级情况进行了全面、系统的分析和研究。从研究结果看，改革
开放以来，中国在产业的产品升级、技术升级和产业结构的升级三个方
面均取得了明显的成就。以工业总资产利润率衡量的产品升级情况虽然
在改革开放的初期出现了较大幅度的下降（这主要是由于改革开放前中
国采取倾斜式发展战略，加大对工业扶持所导致的价格扭曲的结果），
但是从 1998 年以后的十几年中工业总资产利润率则一直处于持续上升
的阶段，2010 年以后虽然出现了一定程度的下降，不过仍处于相对较
高的阶段；产业的技术水平和产业结构则在改革开放以后一直处于整体
升级的趋势，这说明中国的产业发展处于不断升级的态势。而且总体来
看，在产品升级方面，劳动密集型产业的升级速度较快，资本和技术密
集型产业的产品升级相对较慢；在技术升级方面，劳动密集型和资本密
集型的升级加快，技术密集型产业的技术升级则相对较慢。

但是，从产业升级各指标的分阶段演进情况看，除了产业结构的升
级外，中国产业的产品升级和技术升级分别在 2010 年和 2000 年以后都
出现了增长缓慢的趋势，这说明中国的产业升级步伐有所放缓。尤其是
以工业总资产利润率衡量的产品升级，在 2010 年以后反而出现了下降
的趋势，到 2018 年，工业的总资产利润率已经由 2010 年的 9.76% 下降
到 5.88%，较 2010 年下降了 3.88%。以劳动生产率产业衡量的技术升
级虽然一直处于上升的阶段，但是工业的劳动生产率与全社会劳动生产
率相比，在 2000 年以后就出现了增速下降的态势，2010 年以后虽然工
业劳动生产率的增速有一定程度的上升，但是仍低于全社会劳动生产率
的增速。只有产业结构的升级速度在近些年出现了加快的态势，尤其自

2013 年以来，第三产业在国民经济中的比重加快提升，产业结构的升级速度不断加快。

三　中国产业的垄断程度相对较低，呈现不断下降的趋势

本书对改革开放以来中国工业的产业集中度情况进行了分析，从分析结果看，中国产业的垄断情况具有两个特点：一是垄断程度从改革开放以来呈现不断下降的趋势。自 1985 年以来，中国工业的 *HHI* 指数在 1986—1995 年出现了较大幅度的下降，1995 年以后基本上处于平稳发展的状态，变化不是很大。而且 2013 年与 1998 年相比，前 100 家、前 200 家和前 500 家制造业企业的市场集中度均出现了较大幅度的下降，2013 年，前 100 家、前 200 家和前 500 家工业企业的销售收入在工业销售收入中所占的比重由 1998 年的 14.58%、17.33% 和 22.17% 下降到 9.0%、11.89% 和 14.89%，比重的下降十分明显。从工业中制造业各产业的前四位和前八位企业的集中度情况看，也同样存在下降的态势，而且集中度下降的产业主要集中在以石化、金属、机械等为主的资本和技术密集型产业，与劳动密集型产业相比，下降幅度相对较大。

二是中国产业的垄断程度相对较低。从 2013 年中国制造业各产业的 CR_4 上看，除烟草制品业外，其余产业的集中度都在 20% 以下，大多数在 10% 以内；按照 CR_8 计算的产业集中度，也仅有两个产业，即烟草制品业和废弃资源和废旧材料回收加工业的产业集中度达到了 20% 以上。与美国相比，1992 年美国制造业 CR_4 大多数处于 30% 以上，由此可以看出，中国的产业集中度是较低的。

四　垄断是影响产业升级的重要因素，但是其影响效应存在争议

本书从三个层面对垄断对产业升级的影响进行了全面的分析。本书指出，垄断对产业升级中的产品升级、技术升级和产业结构升级都具有明显的影响作用。但是在影响的效应上则存在争议，不同的学者和流派的观点针锋相对。有学者认为，寡占或垄断的市场结构存在少数企业间的共谋，会阻碍竞争机制作用的发挥，破坏资源配置效率，而且垄断企业可以凭借其垄断地位获得超额利润，因而，对于垄断性企业而言，不存在提高技术水平以及进而提高产品附加价值的动力。不过，也有学者

指出，垄断的形成是市场竞争下企业不断追求效率提升的结果，垄断的市场结构也是有效率的结构，面对激烈的市场竞争，垄断企业同样需要不断进行产品的创新发展，推动产品质量的提升以及附加价值的提高。

但是以上研究主要是基于市场竞争所形成的经济性垄断而进行的，对于通过行政干预所形成的行政性垄断的影响效应，学者们的观点则是较为一致的，即在行政力量的保护下，具有行政性垄断地位的企业缺乏竞争的压力，也因此缺乏技术创新和提高产品附加价值的动力，但是这些企业却可以通过在行政性保护下形成的垄断价格而获得超额利润，使以资产利润率作为衡量指标的产品附加价值表现为提升的态势，但是这并不是真正意义上的产品附加价值的提升。

五　垄断对中国的产业升级具有显著的影响，行政性垄断对中国的产业升级具有阻碍作用

本书通过计量分析的方法，对于垄断和行政性垄断对中国产业的产品升级、技术升级和产业结构升级的影响情况进行了实证研究。研究结果显示，HHI 系数和国有经济比重对中国产业升级的三个层面均具有显著的影响。具体来说，HHI 系数和国有经济比重对中国产业的技术升级和结构升级具有负向作用。这说明，在中国，垄断程度的提高不利于产业的技术升级和结构升级。这与竞争性市场机制下垄断对产业发展影响的大多数研究结论是不一致的，其原因主要在于，HHI 系数与国有经济比重之间的相关性较高，HHI 系数的大小在很大程度上是由国有经济比重的高低所决定的，中国的垄断更多的是以行政性垄断为主的，行政性垄断对产业升级具有显著的阻碍作用。虽然 HHI 系数和国有经济比重对产品升级具有显著的正向影响，但是综合来看，它们对产品升级的正向影响并不是通过推动技术进步提升产品附加值而实现的，而是国有企业运用垄断地位获得超额利润的结果。同时，本书分析了行政性垄断对中国产业结构性失衡的影响，认为行政性垄断是造成中国产业结构性失衡的主要根源，导致了投资规模地扩大与产业经济效益地递减、生产供给总量地持续扩大与国内消费增速地持续递减、经济发展阶段地提高与产业结构调整得缓慢等一系列矛盾。由此本书指出，行政性垄断对中国的

产业升级具有垄断作用，而减少行政性垄断现象，对于推动中国的产业升级将具有重要的促进作用。

第二节　对策与建议

根据本书研究得出的主要结论，就如何规避行政性垄断，促进中国产业升级，提出以下对策与建议：

一　促进中国产业升级的对策与建议

1. 加快推动制造业的技术升级

当前，我国经济已经由高速增长阶段转向了高质量发展阶段，在这一阶段，加快推动制造业的技术升级，成为其中的重要任务。为此，首先，要深度推进信息化和工业化融合，促进国内企业的智能化改造。要进一步加强信息网络基础设施建设，加快部署高速、宽带、移动、泛在的信息网络基础设施，推动"互联网＋生产制造"发展，推进企业生产设备的智能化改造。鼓励国内的制造企业使用柔性、可重构的自动化生产装配线、大型控制系统、数控机床等自动化、数字化、网络化、智能化制造设备，推广应用新型传感、嵌入式控制系统、系统协同技术等智能化制造技术，普及设计过程智能化、制造过程智能化和制造装备智能化。其次，要推动企业全业务链的智能化集成应用。在推进企业制造智能化发展的基础上，探索全业务链的智能化集成应用，在集团管控、设计与制造集成、管控衔接、产供销一体、生产和财务、生产与消费衔接等领域，开展关键环节集成应用示范，提高产品的智能化水平，推动制造业服务化水平的提升。可结合智能工厂试点建设，探索全业务链综合集成的路径和方法，同时应选择有条件的产业集聚区，开展智能制造示范实验区建设等。最后，要加快智能化产业的发展。围绕工业机器人、物联网、3D打印及新材料、高端装备制造、智能电网、移动终端用通信设备等领域，重点开发高集成性的单元部件的自主设计和制造技术，提升智能制造水平，形成以智能化大型高端装备为核心的高端装备制造产业体系。

2. 促进现代服务业的内涵式发展

推动产业结构的优化升级需要加快现代服务业的发展。首先，要加快用高新技术改造传统服务业。加快云计算、大数据等先进技术在服务领域的应用，提高服务的效率、质量、范围，改变服务业的服务方式，加快技术平台建设和技术更新的步伐，不断促进服务业的功能提升和服务范围的拓展。其次，要加快服务业的对外开放。我国要加快服务业对外开放先行先试的步伐，积极引进具有较强自主创新能力和先进管理经验的外商企业，吸引外商逐渐向融服务、计算机和信息服务、咨询、文化、教育、研发等行业进行投资，逐步优化服务业领域的外商投资结构。扩大服务贸易规模，加强服务产品的品牌建设，提高服务产品的国际竞争力。同时，鼓励国内有一定实力和品牌竞争力的企业到国外进行投资，整合国际服务资源，尤其要加强对国际技术、咨询、金融保险、教育等资源的整合。最后，要促进生产性、消费型、公共型服务业的同步提升。对于特大城市来讲，发展生产性服务业固然是提高产业竞争力和附加值的重要内容，但是消费型、公共型服务业的发展对于提高城市品质和综合竞争力则显得更为重要。为此，要推动消费性服务业的进一步优化升级，将提高服务的质量、档次、品质，以及扩大消费范围等作为优化的方向和重点，重点发展高品质的健康服务、休闲服务、教育、文化、体育和娱乐业以及高端的公共服务业等，以此提升国内服务业的国际影响力和对高端要素的吸引能力。

3. 促进和提升各类产业的文化特质

产业的文化特质并不是仅存在于文化产业之中，各个产业都具有自身的文化特质，这也是一个国家和地区产业竞争力的集中体现，是产业难以被模仿和替代的根本原因，因为技术是可以模仿的，因此产业的科技特质是容易被模仿和超越的，而文化则难以照搬，产业的文化特质才是独特的、难以被模仿的。中华民族具有深厚的文化内涵，但是在产业的发展过程中除了文化产业外则较少关注文化特质对产业的影响。对此，一是要加快发展文化产业，进一步整合文化产业的发展资源，做大做强文化产业规模。加快我国文化产业走出去步伐，形成具有较高辨识度的中华民族文化品牌。同时吸引国内外有实力的文化产业在产业投资，提高文化产业在全国乃至世界的影响力。二是加强各个产业中对文化创意元素的应用，将中华文化的精髓融入产业的设计、生产和研发之中，促进"文化＋产业"的新型发展模式。不要把"文化＋产业"理解为单纯的文化产业的发展，要让文化蕴含成为我国产业发展的根基，让文化元素融入国内的所有产业发展之中，让每一个产业都有文化的身影。三是要鼓励有代表性的地区进一步围绕"文化＋产业"的发展目标，开展大型的论坛、会展等活动，创办"文化＋产业"活动周，定期举办全国性乃至世界性的会展活动，提高其在"文化＋产业"发展方面的全球影响力。

4. 加快科技自主创新能力的提升

经济的高质量发展，需要提高产业由要素推动向创新驱动转变，提高科技自主创新能力是其中的关键。为此，一是要确立企业的创新主体地位，推动产业内新技术的产生。一方面，要通过改革过去不规范的产权制度和企业管理制度，建立适应市场要求的委托代理关系，形成有利于创新的组织形态和激励约束机制，提高组织与管理能力；另一方面，以市场的潜在需求为出发点，增加研发投入，优化组合产业内的资本、技术和人才等各种要素，统筹内部研究、开发、制造及营销等各个环节，加快技术知识的学习、消化、吸收和积累，增强资源组合能力和技术开发能力，以最小的成本、最短的时间实现产品或过程创新。二是要大力营造有利于技术自主创新的外部环境。要营造有利于企业技术创新的政策环境，强化企业在产业技术创新体系中的主体地位。积极争取国家加大对企业技术创新的直接投入，提高对企业自主创新的支持。同时，要加快建设一批重点领域的共性技术开发平台，为企业竞争前的研发提供服务，为中小企业的技术创新提供支撑；促进技术创新和业务创新的互动支撑，鼓励研发、生产、应用上下游各环节的企业建立战略联盟，联合创新，加快技术成果的产业化步伐。三是要积极推动重点领域的技术创新。以实施国家科技重大专项为契机，加快推进技术及成套工艺研发，突破一批制约产业发展的核心技术，培育一批具有自主知识产权和知名品牌、国际竞争力较强的优势企业，促进重点产业发展，加强对基础技术、共性技术、关键技术和前瞻性技术研发的政策扶持，支持骨干企业突破关键配套件的产品技术，形成相对完整的产业链和一定规模的产业集群。

5. 推动产业优质人才要素的集聚与培养

一是要促进高端人才的集聚，进一步加大对全球高端智力要素资源的集聚和吸引力度，加快建设高端创新载体，吸引世界杰出科学家、世界级创新人才及其团队、优秀工程技术人才到我国进行创新和研发。加大与世界知名大学、研究院所的合作和交流，吸引世界名校在国内设立分校；推动国内的高校、研究院所、教育机构等与世界其他教育机构和研发机构之间建立密切的合作关系。二是要鼓励和完善高校、研究院所优秀人才创业创新，为校所人才提供更加及时、便捷、全面、完备的创业辅导和创业扶持，拓宽高校、科研院所与企业之间的人才流动渠道，通过停薪留职、项目承接等方式，为各类人才提供施展创新才华、参与市场竞争的舞台。三是要多元化引入紧缺人才，对我国面向未来的重点产业的优秀人才进行"精准补贴"。吸引和发展高端人才服务机构，为企业开展猎头、人才培训、人才认定和测评等服务。完善园区等各类载体的平台建设，在推动研发人员空间集聚的同时，打造研发知识共享与信息沟通平台，尽可能地缩短研发人员磨合周期，降低研发人员学习成本，推动区域经济增长。

二　规避行政性垄断的对策与建议

1. 进一步减少政府对市场的干预

本书的研究结果显示，行政性垄断对于中国产业升级具有明显的阻碍作用，因此，减少行政性垄断可以促进中国产业升级的步伐。党的十九大报告指出，中国经济已经由高速发展阶段进入高质量发展阶段。加快产业升级的进程是实现经济高质量发展的重要任务，这其中的关键就是要减少政府对市场行为的干预，同时要处理好政府与市场之间的边界，发挥市场在资源配置中的决定性作用，在中国经济进入新常态时期后，继续依靠资源的大量投入促进经济的持续增长已经难以为继，在资源和环境供给不可持续的压力下，中国经济已经进入了向效率要资源的阶段，发挥好市场在资源配置中的决定性作用，成为中国经济当前发展的迫切要求[1]。

---

[1]　参见洪银兴《关于市场决定资源配置和更好发挥政府作用的理论说明》，《经济理论与经济管理》2014 年第 10 期。

　　不过，完全自由的市场经济也会出现市场失灵等现象，导致市场波动、公共物品提供不足等问题，市场经济的健康发展离不开政府的作用，因此，政府与市场之间的有效耦合才是保障经济健康发展的根本。在政府与市场之间的关系中，政府的作用一方面是要维护良好的市场秩序，保证市场经济作用的良好发展；另一方面则是当市场作用失灵时，能够及时有效地进行弥补和修正。但是，当政府对自身的作用定位不明时，不但不能有效促进市场机制作用的发挥，维持公平有序的市场竞争，提供足够的公共物品，反而会因为政府在经济行为中的越位，造成政府公权力对市场经济的过多干预，使市场机制难以发挥正常的作用，资源的配置效率低下，价格扭曲，并因为政府角色的错位还会产生大量的寻租、腐败等行为。行政性垄断就是政府对市场行为干预过多的一个结果。

　　在行政性力量的保护下，具有行政性垄断的产业通常具有较高的市场准入门槛，使这些产业竞争不充分，而且，具有行政性垄断地位的企业，可以通过制定较高的垄断价格获得丰厚的利润，损害了社会福利。更为糟糕的是，行政性垄断的存在往往伴随着"政府俘获"现象的发生，也就是说，这些企业可以通过向政府官员提供非法和不透明的私人利益输送来影响法律、规制、政令和规制等的形成，使其能够在没经过市场环境下的自由竞争就将自身的相关偏好转化成整个经济博弈规则的基础，从而形成大量的能够为特定个体产生高度垄断利益的政策安排①。这不仅会严重制约市场机制的发挥，使市场陷入混乱，而且会导致政府公信力的下降。

　　为此，要加大对行政部门的权利约束，政府要明确自己的治理边界，具体来说，政府在经济行为中的作用主要有两个方面：一是维护良好的市场秩序，通过制定完善的制度体系，进行有效的市场监管，使市场竞争能够在公平有序的环境下得以实现，同时减少和预防市场失灵现象的发生，提高对市场行为的预判能力，及时有效防范有可能发生的市场风险，减少外部市场动荡对本国市场的影响等；二是要提供充足的公

---

　　① 参见田国强、陈旭东《中国改革：历史、逻辑和未来》，中信出版集团2016年版，第204页。

共物品，完善基本公共服务，在教育、医疗、社会保障、就业和住房等领域建立起惠及全面的基本公共服务体系，缩小地区差距，提高公共服务的均等化水平。要通过法治的完善等方式，对政府的行为在明确边界的基础上进行规范和约束，减少其行为越界的可能性。同时，还要减少对国有企业的扶持和保护政策，加强政府行政的透明度，减少行政审批，降低非公经济市场准入的门槛，消除各种隐性壁垒，制定公平公正、开放透明的负面清单制度，让各类企业在市场竞争中享有公平的竞争机会。

2. 加快推进国有企业改革进程

国有企业的垄断主要是行政性垄断。当前，国有企业主要存在于三类产业中，一是电力、铁路、电信、燃气、供热、自来水、有线电视、管道运输等自然垄断产业；二是银行、证券、保险等金融产业；三是石油、天然气、煤炭、有色金属等资源能源产业[①]。在前面对中国企业制造业垄断程度的分析中，垄断程度高的产业也主要集中在石油、天然气、煤炭、有色金属以及烟草等行业，而这些产业恰恰是产业升级相对缓慢的领域。长期以来，我国都将国有企业改革作为改革的重点内容，从推动国有企业战略布局调整、现代企业制度建设、产权制度改革、建立健全国有资产管理和监督体制，提高国有企业运营能力等方面进行了一系列的改革，使国有企业在经济规模、企业数量上都有较大幅度的增长。据国家市场监督管理总局的统计，截至 2017 年 9 月，全国实有内资（非私营）企业 247.67 万户，占到企业总量的 8.5%，注册资本达到 85.55 万亿元，占到企业注册资本总额的 31.2%。内资（非私营）企业户均注册资本由 2012 年 9 月底的 1620.36 万元增加到 2017 年 9 月底的 3454.29 万元，增长了 113.2%。从历年变化情况来看，2012—2014 年内资（非私营）企业实有数量同比增长均为负值，注册资本增速也较为缓慢，表明企业处于不断兼并重组的深化调整中。但是，2015 年以来我国对国有企业的投资力度加大，内资（非私营）企业数量实现正增长，且注册资本增速也有较大提升，达 20% 左右，国有经济实

---

① 于左：《反垄断与中国经济发展》，《中国价格监管与反垄断》2014 年第 3 期。

力进一步壮大[①]。在 2019 年《财富》最新的世界 500 强企业排行榜中，国资委监管的中央企业有 47 家入围，其中，中石化、中石油国家电网、分列第 2、4、5 位。47 家央企营收总计 39189.54 亿美元，占上榜中国企业营收的 46.79%，47 家央企利润总计 803.02 亿美元，平均利润为 17.09 亿美元[②]。国有经济的快速发展，虽然有国家对资本管理能力提升，国有企业改革取得成效的因素，但也不可否认其中存在着"与民争利"的情况。国有企业的较快发展，必然会导致其占有过多的资源，制约民营经济的发展。

2015 年 9 月 13 日出台了《中共中央国务院关于深化国有企业改革的指导意见》（以下简称《指导意见》），指出，国有企业改革要实现以管企业为主向以管资本为主的转变，建立监管权力清单和责任清单，做到政府监管不缺位、不越位，推动国有企业完善市场化经营机制。此后，相继出台了一系列的配套政策，形成了"1 + N"的国企改革政策体系。但是，从近些年的改革进程看，国有企业的行政性垄断现象依然较为严重，国有企业对资源的占有、所拥有的特殊保护政策等，不利于中国产业升级的推进。因此，应通过加快推进国有企业的改革，推动中国的产业升级。

发展混合所有制经济是国有企业改革的方向，也是《指导意见》中的重要内容。发展混合所有制其目的是要促使国有企业建立起市场化的治理体制和管理机制。在推进国有企业混合所有制发展的过程中，要在对国有企业进行科学细致的分类，分清楚哪些属于自然垄断、哪些属于竞争性质的基础上，针对不同的企业提出具体的发展政策和措施。《指导意见》指出，要准确界定不同国有企业的功能，有针对性地推进国有企业改革，并将国有企业界定为商业类和公益类两大类。对于以保障民生、服务社会、提供公共产品和服务为主要目标的公益类国有企业，由于其提供的产品具有非竞争性和非排他性的特点，因此，仍需要国有企业在这些领域发挥好自身的作用，为社会大众提供优质的公共服

---

① 《党的十八大以来全国企业发展分析（2012 年 9 月—2017 年 9 月）》，《中国工商报》2017 年 10 月 26 日。

② 根据"2019 年《财富》世界 500 强排行榜"数据计算而得。

务和产品，提高质量和效益。对于商业性的国有企业，则应区分自然垄断和竞争性领域的国有企业。具有自然垄断性质的国有企业，其自然垄断性质的业务主要集中在电力电网、管道、光纤等管网的环节，对于这些环节，因为本身就具有较高的准入门槛，因此不应再人为设置市场的准入限制，而应向社会放开，鼓励更多的社会资本进入这些领域，这样也可以进一步降低其建设和安装的成本，政府则应在管网质量上加强监管。对于管网以外的环节或业务，因为不具有自然垄断的特征，更应该引入市场竞争，逐步向社会资本放开，降低或取消市场准入的限制，政府的作用主要在于合理定价和规制垄断方面。对于竞争性领域的国有企业，应逐步实现他们的退出或所有制改革，破除国企"预算软约束"的问题，实现这些领域的充分竞争，这样才有助于产业升级的顺利推进。

3. 完善和制定针对行政性垄断的法律法规

通过法律法规的力量，对行政性垄断进行规制，是减少市场垄断行为的有效措施。在中国，对垄断的法律约束经历了一个较为漫长的过程，从1980年9月颁布《关于保护社会主义竞争的暂行规定》等文件通知或规定，到1993年《反不正当竞争法》的提出，虽然在法律制度上迈出了一大步，但是相关规定仍较为分散，缺乏完整、专门的法律规定。在随后颁布的一些法律中，也涉及了一些相关的反垄断的条款，如2003年颁布的《制定价格垄断行为暂行规定》《外国投资者并购境内企业暂行规定》等，分别对价格的制定以及特定领域的垄断行为等制定了相关的法律规定。2007年出台的《中华人民共和国反垄断法》开启了中国通过法律手段规避垄断行为的新阶段，使相关部门或企业对垄断的诉讼有法可依。因此，在加强对垄断行为的法律制约上，要充分利用好现行的《反不正当竞争法》与《反垄断法》的作用，利用法律条款对垄断现象进行规制和约束。但同时，在现有的法律制度中还存在着不少缺失和有待完善的地方，如对多头管理现象的解决、垄断行为的处罚、垄断纠纷的解决等，都存在需要完善的地方。尤其是对行政性垄断行为，虽然《反垄断法》已经将其纳入法制的框架之内，但是在处置的方法上，基本上沿袭了在行政系统内自我纠偏的路径①，在规制行政性垄断行为上的作用较弱，因此，在对行政权力滥用的限制、规范及其诉讼，以及如何威慑违法者等方面都无法起到足够的约束，需要不断完善《反垄断法》及其相关法律文件，以实现维护公平有序的市场竞争，提高市场竞争活力，促进资源有效配置的目标。对此，需要重点解决以下几个问题：

一是如何界定行政性垄断行为。市场与政府是相互依存的，市场机制的良性发挥离不开政府的作用，但是政府的过多干预却会导致行政性垄断的发生。因此，对行政性垄断行为的界定是对其进行合理规制的前提。前面曾指出，行政性垄断是在行政性力量的保护下，形成的一种超经济行为，它的存在制约了市场机制作用的发挥，降低了资源配置的效率，同时损失了社会福利。因此，在对行政性垄断形成的界定时也应从是否降低了资源配置效率，以及是否损害了社会福利的角度进行判断，同时要将促进市场机制作用的发挥，提高经济运行效率等作为行政性垄断相关法律制定的目标。

二是如何认识行政性垄断的行为主体。张志伟、应品广②指出，反垄断法视野下的行政性垄断的主体不是"政府"，而是"经营者"。但是，在很多国家，只要政府实施了反竞争的行为，就会被视为"经营者"，因而也会和私人垄断者一样被审查和起诉。美国的《谢尔曼法》的适用范围是"任何人"，具有极为广泛的含义，除了自然人、合伙、公司、非公司组织及其他被联邦法、州法及外国法所承认的商业实体外，还包括在诉讼中作为被告的市政机关和政府官员。但是，在中国的《反垄断法》与《反不正当竞争法》中所界定的经营者虽然没有完全排除政府部门，可是在实际操作中，并没有将行使公权力的行政部门界定为经营者的先例。政府无一不是作为"非营利组织"，被排除在经营者的概念之外。对"经营者"这一概念的界定只重其形式而不重其实质，将行政主体完全排除出"经营者"的范围，导致了行政性垄断的行政

---

① 徐士英：《竞争政策视野下行政性垄断行为规制路径新探》，《华东政法大学学报》2015 年第 4 期。

② 张志伟、应品方：《反垄断法思维下的行政性垄断新探》，《江西财经大学学报》2013 年第 4 期。

执法和司法审查都困难重重。① 因此，将政府部门纳入"经营者"范围，并对其行政性垄断行为进行执法，是减少行政性垄断的一个关键环节。

三是如何确定行政性垄断造成的损失。对行政性垄断行为进行执法需要对其造成的损失进行确定，以明确损害的赔偿等具体内容。但是对行政性垄断的损失的确定是目前的一大难题。如果受害的市场主体能够自己提出受损的多少，是可以对行政性垄断进行处罚的。但是在现实情况下，具有行政性垄断的企业主要是国有企业，这些企业中大多数都从事着关系民生，或者具有自然垄断性质的产业，如电力、电信等，由于涉及面广，让受害的市场主体自己提供损失的数据是无法实现的，而且受损失的市场主体的受损情况也难以进行统计和估算。行政性垄断行为会造成社会福利的减少，而社会福利的减少实际上就是其通过行政性垄断地位所获得的超额利润，因此，可以从这些企业所获得的超额利润的角度出发，对其造成的损失进行衡量，以此作为处罚的依据。

4. 加快形成统一开放竞争有序的现代市场体系

有效率的产业升级应该是基于市场机制作用下，通过市场竞争促进资源地有序流动，通过市场竞争的压力推动企业加快技术创新和产品升级的步伐，推动产业向附加价值更高的产业链环节延伸，并最终实现产业结构的合理化和高度化要求的一个有序发展的过程。在这样一个过程中，市场体系的建设至关重要。这不仅是提高资源配置效率、促进中国产业升级的前提条件，更是实现中国经济高质量发展的基础。国内外的事实证明，市场作用的有效性与其完善程度成正比，而市场作用的有效性又直接决定和影响着全社会的生产效率，决定着一个国家的整体竞争力。②

第一，加快要素市场的建设。推动产品和要素的市场化进程是中国市场化改革的核心内容。改革开放以来，我们在产品的市场化建设方面

---

① 张志伟、应品广：《反垄断法思维下的行政性垄断新探》，《江西财经大学学报》2013年第4期。

② 王建均：《关于完善社会主义市场经济体制的思考》，《中央社会主义学院学报》2013年第1期。

取得了明显的成效，但是要素的市场化进程却相对滞后。党的十九大报告对要素市场化发展提出了进一步的要求，指出"经济体制改革必须以完善产权制度和要素市场化配置为重点，实现产权有效激励、要素自由流动、价格反应灵活、竞争公平有序、企业优胜劣汰"。目前，我国的不少要素仍然被少数的行政性垄断企业所控制，阻碍了要素的自由流动，造成要素价格的扭曲，使价格机制难以发挥作用，降低了资源的配置效率，也导致了很多腐败现象的发生。为此，要将要素市场的改革作为中国现行市场体系建设的重点，理顺要素市场价格，尽快建立起基于市场价格机制的正常发挥而高效运转的要素市场体系，让要素价格能够准确反映其稀缺程度，从而引导资源向效率更高的产业和价值链环节流动，提高资源的配置效率，提升企业通过技术创新提高要素使用效率的动力，促进中国产业的顺利升级。

第二，建立优胜劣汰的市场机制。优胜劣汰的市场机制可以维持市场的公平竞争，促进资源的有效流动，从而推动产业升级的进程。但是，在我国的一些国有企业较为集中的产业，由于政府的保护，缺乏这种优胜劣汰的市场机制，使本该倒闭的企业依然存在，效率低下的企业继续生存，造成了资源的极大浪费，也同时造成了严重的产能过剩。还应加快探索和完善"僵尸"国企的市场退出机制，让国有企业适应和运用市场机制的行为规则和方式进行发展，加快国有企业的结构性调整，鼓励先进企业兼并落后企业，通过市场竞争淘汰落后生产能力，促进资源向更有效率的企业集中，提高资源的使用效率。通过引入竞争机制，促使企业产生加快技术创新、推动产品更新、提高产品附加价值以及资源配置效率的动力，进而推动中国产业升级的步伐。

第三，营造公平有序的市场环境。政府在促进经济发展中的重要作用之一，就是要营造起公平有序的市场环境，维护市场的充分竞争。但是，目前政府在这个方面的作用还存在很大的缺位，不仅如此，还因为其"经济功能"和"政治功能"的双重身份，人为地设置了很多的市场障碍，损害了市场竞争，其根本还在于政府权力的越位。为此，政府仍需要对自身作用进行准确定位，以建设"服务型政府"作为自己的目标，减少行政审批事项，打破地区封锁和行业垄断。其次，政府部门要加大对市场的执法力度，理顺不同部门之间的行政关系，消除多头管理、交叉管理的现象。要建立起联合执法的信息平台，实现市场信息的共享机制，这样可以在很大程度上减少执法过程中信息不对称的问题。要加大信用体系的建设力度，整合司法、金融、财税、人社，以及政府部门等多方信用资源，尽快建立起社会共享的信用平台，对失信企业和个人加以严惩。此外，要充分发挥一些专业化的服务组织如资产评估、会计、税务等的监管力量，发挥协会商会的自律作用。要鼓励社会公众参与社会监督，并加大信息的公开和透明，为其发挥监督作用提供条件。

5. 加快促进民营经济的发展

民营经济的快速发展，是改革开放以来中国实现增长奇迹的最主要的推动力。改革开放战略的实施，极大地激发了社会大众的创造热情，促进了民营经济的蓬勃发展。它们的快速成长为市场竞争注入了源泉，激励着企业不断加快技术创新的程度，提高产品的质量和附加价值，迅速扩大了中国经济的规模。而且从全球范围来看，中国的产业虽然还处于全球产业价值链的低端环节，但是不可否认的是，中国产业的整体竞争力正在不断提高，在全球产业价值链中的地位也在不断攀升，这其中最主要的动力也来自民营经济。据统计，民营企业用近40%的资源，创造了我国60%以上GDP，缴纳了50%以上的税收，贡献了70%以上的技术创新和新产品开发，提供了80%以上的就业岗位。但是，近些年来，中国在一定程度上出现了"国进民退"的现象，引起了学术界的关注。加快民营经济发展成为当前中国促进经济进步和繁荣，实现经济高质量发展的重要任务之一。习近平总书记在党的十九大报告中指出，"必须坚持和完善我国社会主义基本经济制度和分配制度，毫不动摇巩固和发展公有制经济，毫不动摇鼓励、支持、引导非公有制经济发展"。十九大报告还明确指出，"要支持民营企业发展，激发各类市场主体活力，要努力实现更高质量、更有效率、更加公平、更可持续的发展"。

为此，要加大对民营经济的扶持力度，促进民营经济的更快发展。第一，破除发展限制观念。在促进民营经济发展的过程中，政府部门要对其发展给予高度重视，做到"四不限、三坚持"，即不限比例、不限速度、不限规模、不限经营方式；坚持实验探索的精神，坚持放手发展的意识，坚持服务第一的原则。积极消除目前存在的不重视、服务不到位等突出问题，放宽市场准入的门槛，降低或消除准入的壁垒，维护民营经济的国民待遇，为民营经济的发展创造良好的发展环境。政府应与民营企业之间构建一种以服务和合作为内涵的新型政企关系，建立新型政府与民营经济之间相互依赖、相互合作的密切联系关系模式。构建一种基于法治基础上的公共服务型政府，一种基于公平、公正、公开基础上以相互合作为主要内容的合作伙伴关系。政府作为市场规则的制定者和市场秩序的维护者，要更好地保护民间资本投资人的合法权益，提高民营经营者的安全感，促进民营经济的发展和财富的积累。同时，政府还要积极维持市场经济秩序的稳定，通过市场的稳定减少经济行为的短期化问题，提高经济运行的效率和质量。

第二，促进民营经济规范发展。政府要为民营经济的发展建立规范的法律法规体系，营造一个公平、规范的法制环境，建立好民营经济健康发展所需要的制度平台。需要进一步建立和完善如企业产权制度、权责制度、财务管理制度、民营企业组织制度、破产法制度、税收制度等。在全国性发展不能及时修订的时候，地方政府可以因地制宜地制定一些地方性法规，来支持民营经济的发展。民营企业的经营者同样需要加强规范意识，与其他规范化程度较高的企业的学习和交流可以激励规范性不强的经营者改变思想观念，树立起规范发展的意识。集群发展可以加强企业之间的交流机会，管理经验等先进思想的溢出在集群中较为普遍，政府可以通过加强企业集聚，促进企业之间的管理经验等的溢出，同时对企业的发展产生一定的刺激和压力，提高企业规范发展的程度。

第三，要在全社会弘扬创业创新的精神。在全社会大力倡导立志创业和艰苦创业的意识和精神，调动人们的创业激情，努力营造创业光荣、勇于创业的良好氛围。宽容失败、容忍失败。加大对优秀民营企业和民营经济中涌现的模范人物、先进事迹的宣传力度，同时引导经营者克服"小富即安""小成即满"的守旧意识，通过政策和制度，引导企业树立不断创新、立足当前、长远发展的意识，不断把企业做大做强。

六　加快构建新型开放型经济

对外开放是我国的长期坚持的基本国策。对外开放包括贸易和投资两大部分。从贸易的角度看，对外开放可以提高企业对国际国内两个市场的统筹能力，在国际和国内两个市场中进行资源的有效配置，从而实现企业经济效益的最大化。从投资的角度看，外商投资企业的引进，一方面，可以激发市场活力，促进市场竞争。另一方面，外商投资企业的引进还具有较高的技术溢出效应，本国企业在与外商投资企业的合作或竞争过程中，可以学到先进的技术、经验等，有助于国内企业在"干中学"的过程中不断提高自身的整体竞争力。改革开放的40年中，不仅使国内的很多企业通过嵌入全球产业价值链，促进了企业规模的快速扩大，并在这一过程中学到了很多的国外先进技术和管理经验，有效提升国内企业的整体竞争力。而且通过与国外市场的对接和国外先进企业的引进，可以倒逼国内改革的进程，加快国内在制度设计、规制建立、市场监管、政府效能等方面的提升。中国加入WTO以来的十几年，是中国经济发展最为迅速的阶段，这不仅得益于全球资本的引入，以及货物出口规模的增长等为中国解决了发展进程中的资金短缺等问题，而且更易于对国外先进的制度、技术、经验等的引进和学习。在经济全球化的今天，推动中国产业升级更需要继续坚持对外开放的基本国策，利用"一带一路"建设的契机，加快提升中国企业整合国际国内两个市场的能力，通过扩大开放推动中国的改革进程，以此加快中国的产业升级步伐。

对此，要注重以下几个方面的问题：一是鼓励国内企业成为产业价值链的核心领导者，整合全球在产品生产、技术研发、营销、服务等方面的优质资源，构建起基于全球产业价值链分工的、以国内企业为主导的国内产业价值链体系，以此提高国内企业产品的附加价值和创新能力，推动中国企业在全球产业价值链的整体升级。二是要充分借助互联网技术，构建虚拟空间互联互通的网络体系，整合全球的数字资源，提高中国企业在全球虚拟空间的地位，以此提升中国企业进行资源整合的效率和水平。三是要加快服务业等行政性干预较多的产业领域的对外开放。当前我国的很多产业领域，尤其是国有企业较为集中的一些服务业领域，如证券、银行、保险、电信等行业，在外商投资方面还具有较多的限制，进一步放开这些领域的外商准入限制，有助于打破这些产业的行政性垄断现象，促进市场竞争，对于提高这些产业的生产效率，推动产业升级具有十分重要的作用。

总之，中国要实现更加积极主动的对外开放战略，通过构建新型开放型经济体系，促进贸易结构的优化升级，提高引进来企业的整体质量，鼓励中国的优质企业"走出去"，从而形成统筹国际国内两个市场，促进人才、资金、技术和管理等生产要素的自由流动和价值提升，激发国内市场竞争，推动企业加大技术创新的力度和动力的目的。同时，通过加大对数字经济以及虚拟空间的发展和建设，适应新经济时代对外开放的新要求，以此提高中国在全球网络空间的战略地位，进一步推动中国产业向价值链中高附加值环节的延伸，加快中国产业升级的进程。

第三节　研究不足和进一步改进的方向

本书在研究中还存在一定的不足，主要表现在以下方面：

一　对中国产业升级状况的衡量还有待进一步优化

对中国产业升级的总体状况作出客观、准确的评价是本书研究的一个重点，也是推动中国产业升级进程的基础。本书从产业的产品升级、技术升级以及产业结构升级三个角度来认识产业升级的整体内涵，并从这三个层面对中国的产业升级情况进行了全面、系统的分析，对于认识和了解中国的产业升级状况具有一定的作用。但是，在一些衡量指标的选择上还存在进一步优化的需要。尤其是对于中国产业的产品升级情况的衡量。本书将产品升级界定为产品附加价值的提高，然而如何去衡量产品附加价值的提高，还是研究中的一个难点。本书采用较为通用的资产利润率作为衡量产品附加价值的指标。但是从研究的结果上看，这一指标虽然可以衡量产品利润率的增长情况，在一定程度上反映了产品的附加价值的提高，但是该指标难以区分价格上涨的因素，不能准确反映出产品的价格上升是由于附加价值的提高，还是企业通过垄断地位获得的超额利润，因而也不能准确反映出产业附加价值的变化情况。这是本书研究中的不足，也有待于在今后的研究中加以进一步的完善。

二　对中国产业分行业垄断的研究还有待进一步深化

在本书的研究中，从工业以及制造业中具体产业的角度出发，对中国产业的垄断情况进行了分析。但是，鉴于资料的可获得性，为了保证计量分析的有效性，在关于垄断对中国产业升级影响的研究中，则主要从中国产业垄断的整体情况的角度进行了研究，并未从制造业具体产业的视角出发进行分析。所得出的结果虽然较好地验证了所提出的假设，而且较为符合中国产业升级的实际情况，但是，仍有必要从制造业具体产业的角度，对垄断的影响进行更为深入的研究，这样可以更加清晰地认识到，不同垄断形式对中国产业升级所产生的影响，对于制定更具针对性的制度和政策的意义和价值更大。这需要在今后的研究中不断完善相关资料，使研究能够更加深入、细致、全面。

三　互联网等新经济背景下的垄断分析还有待进一步完善

本书目前研究的理论依据以及研究视角都是基于传统的工业经济而展开的，但是，在互联网等新经济下，企业的行为、规模、边际效应等都发生了变化，企业产品的升级路径、企业的创新模式等也都发生了深刻的变革，垄断的市场结构对产业升级的影响也会发生相应的改变。从目前的研究文献看，对于依靠互联网发展起来的新经济背景下的厂商行为的研究还相对缺乏，对这一时期企业规模对资源配置效率、技术创新能力以及产业的整体发展等的影响的研究十分薄弱，还是目前学术界研究中的盲点，本书同样缺乏对这一层面的剖析和研究。这同样需要在今后的研究中不断加以完善，可以首先通过对互联网企业的深入分析，研究其产业升级的路径和效率，这对于认识互联网经济下垄断对产业升级的影响带来突破。

主要参考文献

中文文献

［美］G. J. 斯蒂格勒：《产业组织和政府管制》，潘振民译，上海人民出版社、生活·读书·新知三联书店 1996 年版。

［美］保罗·萨缪尔森、威廉·诺德豪斯：《宏观经济学》第十六版，萧琛等译，华夏出版社 1999 年版。

陈富良：《自然垄断行业：效率来自民营化还是来自竞争》，《当代财经》2000 年第 4 期。

陈林、刘小玄：《自然垄断的测度模型及其应用——中国重化工业为例》，《中国工业经济》2014 年第 8 期。

陈柳钦：《产业发展的集群化、融合化和生态化分析》，《华北电力大学学报》2006 年第 1 期。

陈效兰：《生态产业发展探析》，《宏观经济管理》2008 年第 6 期。

陈羽、邝国良：《"产业升级"的理论内核及研究思路述评》，《改革》2009 年第 10 期

戴险峰：《供给学派的起源与美国实践》，《中国金融》2016 年第 1 期。

许小年：《寻求经济增长新动力——以供给侧改革开拓创新空间》，《新金融》2016 年第 1 期。

邓俊荣、王林雪：《网络经济、寡头垄断效率与中国产业组织调整》，《生产力研究》2006 年第 3 期。

杜传忠：《对垄断及其效率的再认识——兼论我国〈反垄断法〉实施的目标取向》，《中州学刊》2008 年第 6 期。

范合君、威幸东：《我国垄断产业改革进程测度研究》，《经济与管理研

究》2011 年第 3 期。

干春晖等：《中国产业结构变迁对经济增长和波动的影响》，《经济研究》2011 年第 5 期。

郭守前：《产业生态化创新的理论与实践》，《生态经济》2002 年第 4 期。

何为民：《并购、集中与市场经济发展》，博士学位论文，厦门大学，2002 年。

洪银兴：《关于市场决定资源配置和更好发挥政府作用的理论说明》，《经济理论与经济管理》2014 年第 10 期。

胡苏皓：《自然垄断产业市场有效性评价研究》，博士学位论文，天津大学，2008 年。

胡希宁：《供给经济学与我国的"供给侧"改革》，《理论视野》2016 年第 1 期。

胡晓鹏：《从分工到模块化：经济系统调整的思考》，《中国工业经济》2004 年第 9 期。

黄继忠：《工业重构：调整与升级》，辽宁教育出版社 1999 年版。

黄南、李程骅：《产业发展范式创新、空间形态调整与城市功能变迁——基于现代产业体系的城市转型研究》，《江海学刊》2015 年第 1 期。

黄南：《供给侧结构性改革与中国市场竞争机制的完善——兼论对行政性垄断的规避》，《南京社会科学》2016 年第 7 期。

黄南、张二震：《经济转型的目标、路径与绩效：理论研究述评》，《经济评论》2017 年第 2 期。

黄南：《现代产业体系的构建与产业结构调整研究》，东南大学出版社 2011 年版。

黄群慧、贺俊：《"第三次工业革命"与中国经济发展战略调整》，《中国工业经济》2013 年第 1 期。

江小涓：《高度联通社会中的资源重组与服务业增长》，《经济研究》2017 年第 3 期。

姜春海：《自然垄断理论述评》，《经济评论》2004 年第 2 期。

姜付秀、余晖：《我国行政性垄断的危害——市场势力效应和收入分配效应的实证研究》，《中国工业经济》2007年第10期。

金卫星：《一战后世界经济结构的变化与20世纪30年代大萧条》，《苏州大学学报》（哲学社会科学版）2003年第7期。

李翀：《论供给侧改革的理论依据和政策选择》，《经济社会体制比较》2016年第1期。

李京文、郑友敬：《技术进步与产业结构——概论》，经济科学出版社1988年版。

李智、原锦凤：《基于中国经济现实的供给侧改革方略》，《价格理论与实践》2015年第12期。

厉无畏、王慧敏：《产业发展的趋势研判与理性思考》，《中国工业经济》2002年第4期。

梁琦、詹亦军：《地方专业化、技术进步和产业升级：来自长三角的证据》，《经济理论与经济管理》2006年第1期。

林毅夫：《繁荣的求索：发展中经济如何崛起》，北京大学出版社2012年版。

刘康：《基于技术存在形式的技术垄断研究》，《科技进步与对策》2012年第1期。

刘茂松、陈素琼：《知识经济时代技术创新与垄断结构关系研究》，《湖南师范大学社会科学学报》2006年第5期。

刘胜军：《以宏调"对冲"供给侧改革风险》，《中国经济报告》2016年第4期。

刘世锦：《"新常态"下如何处理好政府与市场的关系》，《求是》2014年第18期。

刘伟、蔡志洲：《经济增长新常态与供给侧结构性改革》，《求是学刊》2016年第1期。

刘伟、李绍荣：《产业结构与经济增长》，《中国工业经济》2002年第5期。

刘艳婷：《经济全球化条件下的垄断寡占市场结构及其效率、政策研究》，博士学位论文，西南财经大学，2009年。

刘元春：《论供给侧结构性改革的理论基础》，《人民日报》2016年2月25日。

刘志彪、张杰：《从融入全球价值链到构建国家价值链：中国产业升级的战略思考》，《学术月刊》2009 年第 9 期。

刘志彪：《中国贸易量增长与本土产业升级：基于全球价值链的治理视角》，《学术月刊》2007 年第 2 期。

［美］罗杰·S. 弗朗茨：《X 效率：理论、论据和应用》，费方域等译，上海译文出版社 1993 年版。

［美］迈克尔·波特：《国家竞争优势》，李明轩、邱如美译，华夏出版社 2002 年版。

平新乔、郝朝艳：《假冒伪劣与市场结构》，《经济学季刊》2002 年第 2 期。

戚聿东、郭抒：《关于垄断与竞争关系的再认识》，《学习与探索》1999 年第 2 期。

戚聿东：《中国现代垄断经济研究》，经济科学出版社 1999 年版。

［日］青木昌彦、安藤晴彦：《模块化时代：新产业结构的本质》，周国荣译，上海远东出版社 2003 年版。

任凌玉：《产品市场竞争衡量方法综述》，《经济问题探索》2009 年第 1 期。

［美］萨尔坦·科马里：《信息时代的经济学》，姚坤、何卫红译，江苏人民出版社 2000 年版。

沈春苗、黄永春：《产业集中度的 U 形演变规律在中国存在吗》，《财贸研究》2016 年第 2 期。

沈坤荣：《供给侧结构性改革是经济治理思路的重大调整》，《南京社会科学》2016 年第 2 期。

苏东水：《产业经济学》，高等教育出版社 2000 年版。

［法］泰勒尔：《产业组织理论》，马捷等译，中国人民大学出版社 1998 年版。

汤大军、丁宏：《新常态下实现外资高水平引进来的影响因素及推进策略研究》，《世界经济与政治论坛》2015 年第 3 期。

田国强、陈旭东：《中国改革：历史、逻辑合格未来》，中信出版集团 2016 年版。

王贵东、周京奎：《中国制造业企业垄断势力测度——兼论市场边界》，

《经济评论》2017 年第 4 期。

王廷惠:《自然垄断边界变化与政府管制的调整》,《中国工业经济》
　2002 年第 11 期。

危怀安:《经济性垄断的效应分析》,博士学位论文,华中科技大学,
　2007 年。

危怀安:《垄断企业的技术创新效应》,《学术论坛》2010 年第 2 期。

卫兴华:《澄清供给侧结构性改革的几个认识误区》,《人民日报》2016
　年 4 月 20 日。

魏后凯:《企业规模、产业集中与技术创新能力》,《经济管理·新管
　理》2002 年第 4 期。

魏后凯:《市场竞争、经济绩效与产业集中——对改革开放以来中国制
　造业集中的实证研究》,博士学位论文,中国社会科学院研究生院,
　2001 年。

武鹏:《行业垄断对中国行业收入差距的影响》,《中国工业经济》2011
　年第 10 期。

[美] 西蒙·库兹涅茨:《现代经济增长:速度、结构与扩展》,戴睿、
　易诚译,北京经济学院出版社 1989 年版。

[美] 熊彼特:《资本主义、社会主义和民主》,绛枫译,商务印书馆
　1979 年版。

徐春华:《对外开放、房价上涨与居民边际消费倾向》,《国际贸易问
　题》2015 年第 1 期。

徐士英:《竞争政策视野下行政性垄断行为规制路径新探》,《华东政法
　大学学报》2015 年第 4 期。

徐伟:《周小川、徐绍史出招"去杠杆"》,《新京报》2016 年 3 月
　21 日。

严奇春:《知识创新视角下的产业融合分析》,《科技进步与对策》2013
　年第 3 期。

杨锐、刘志彪:《新一轮高水平对外开放背景下中国企业技术能力升级
　框架与思路》,《世界经济与政治论坛》2015 年第 4 期。

姚洋:《供给侧改革与中国经济赶超》,《经济导刊》2016 年第 3 期。

于良春、张伟:《中国行业性行政性垄断的强度与效率损失研究》,《经

济研究》2010 年第 3 期。

于左:《反垄断与中国经济发展》,《中国价格监管与反垄断》2014 年第
　　3 期。

张洋、余进、陈雪铮:《转型时期中国银行业行政性垄断问题——基于
　　居民存款福利损失的实证研究》,《河北大学学报》(哲学社会科学
　　版) 2015 年第 4 期。

张耀辉:《产业创新:新经济下的产业升级模式》,《数量经济技术经济
　　研究》2002 年第 1 期。

张翼:《市场结构、企业研发竞争与创新绩效》,博士学位论文,复旦
　　大学,2010 年。

张志伟、应品广:《反垄断法思维下的行政性垄断新探》,《江西财经大
　　学学报》2013 年第 4 期。

郑剑峰:《网络产业的市场结构、市场规制、政府策略》,博士学位论
　　文,北京邮电大学,2010 年。

郑晓光:《世界城市产业结构比较及对北京的启示》,《中国国情国力》
　　2012 年第 11 期。

[日] 植草益:《信息通讯业的产业融合》,《中国工业经济》2001 年第
　　2 期。

周末、王璐:《产业异质条件下市场势力估计与垄断损失测度——运用
　　新实证产业组织方法对白酒制造业的研究》,《中国工业经济》2012
　　年第 6 期。

周振华:《产业结构优化论》,上海人民出版社 1992 年版。

周振华:《产业融合拓展化:主导因素及基础条件分析》,《社会科学》
　　2003 年第 3 期。

周振华:《论城市能级水平与现代服务业》, 《社会科学》2005 年第
　　9 期。

朱瑞博:《价值模块整合与产业融合》, 《中国工业经济》2003 年第
　　8 期。

外文文献

Cowling, K. and Mueller, D. C., "The Social Costs of Monopoly Power",

Economic Journal, 88, 1978.

Dieter Ernst, "Catching-Up, Crisis and Industrial Up-grading, Evolutionary Aspects of Technological Learning in Korea's Electronics Industry", *Asia Pacific Journal of Man-agement*, 15 (2), 1998.

Gary Gereffi, John Humphrey, Timothy Sturgeon, "The Governance of Global Value Chains", *Review of International Political Economy*, 12 (1), 2005.

Gereffi, G., "International Trade and Industrial Upgrading in the Apparel Commodity Chain", *Journal of International Economics*, 1 (48), 1999.

Greenstein S., and T. Khanna, *What Does Industry Convergence Mean? In Competing in the Age of Digital Convergence*, Boston: Harvard Business School Press, 1997.

Humphrey J, Schmitz H., "How Does Insertion in Global Value Chains Affect Upgrading Industrial Dusters", *Regional Studies*, 36 (9), 2002.

H Schmitz., "Collective Efficiency: Growth Path for Small-scale Industry", *The Journal of Development Studies*, 31 (4), 1995.

Jean Imbs and Romain Wacziarg., "Stages of Diversification", *American Economic Review*, 93 (1), 2003.

John Humphrey, Hubert Schmitz. "Governance in Global Value Chains", *IDS Bulletin*, 32 (3), 2001.

John Humphrey, Hubert Schmitz, "Governance and Upgrading: Linking Industrial Cluster and Global Value Chain Research", IDS Working Paper, 2000.

Joe S. Bain, *Industrial Organization*, New York: John Wiley & Sons, 1959.

J. K. Calbraith, *American capitalism: The Concept of Countervailing Power*, Transaction Publishers, 1951.

Kaplinsky, R., "Globalization and Unequalisation: What Can be Learned from Value Chain Analysis", *Journal of Development Studies*, 37 (2), 2002.

Kamerschen, D. R., "An Estimation of The 'Welfare Losses' from Monopoly in The American Economy", *Western Economic Journal*, 1966.

Douglas Needham, eds. , *Reading in the Economics of Industrial Organization*, *New York*: *Holt*, *Rinehart and Winston*, 1970.

Kenneth J. Arrow, *Social Choice and Individual Values*, Yale University press, 1963.

Land J. , Ubiquitous Convergence: Market Redefinitions Generated by Technological Change and the Industry Life Cycle, *Paper for the DRUID*, Academy, Winter 2005 Conference, 2005.

Min Ouyang, Yulei Peng, "The Treatment-Effect Estimation: A Case Study of the 2008 Economic Stimulus Package of China", *Journal of Econometrics*, 188 (2), 2015.

Monga, C. , *L'argent des autres-Banques et petites entreprises en Afrique*: *le cas du Cameroun*, Paris: LDGJ-Montchretien, 1997.

OECD, *Science*, *Technology and Industry Outlook*, Paris: OECD, 1996.

Tullock, G. , "The Welfare Costs of Tariffs, Monopolies, and Thefts", *Western Economic*, 1967.